바라보고
기억하고
사랑하라

SEEN, KNOWN, LOVED
by R. York Moore & Gary Chapman

This book was first published in the United States by Northfield Publishing
with the title Seen, Known, Loved.
Copyright ⓒ 2020 by R. York Moore & Gary Chapman
All rights reserved.
The 5 Love Languages is a registered trademark of The Moody Bible Institute of Chicago
in the United States and other Jurisdictions.
Korean Edition published by Word of Life Press, Seoul 2021
Translated by permission.
Printed in Korea.

바라보고 기억하고 사랑하라

ⓒ 생명의말씀사 2021

2021년 3월 30일 1판 1쇄 발행
2021년 5월 28일　　2쇄 발행

펴낸이 ㅣ 김창영
펴낸곳 ㅣ 생명의말씀사

등록 ㅣ 1962. 1. 10. No.300-1962-1
주소 ㅣ 서울시 종로구 경희궁1길 6 (03176)
전화 ㅣ 02)738-6555(본사) · 02)3159-7979(영업)
팩스 ㅣ 02)739-3824(본사) · 080-022-8585(영업)

기획편집 ㅣ 임선희
디자인 ㅣ 김혜진
인쇄 ㅣ 영진문원
제본 ㅣ 정문바인텍

ISBN 978-89-04-16751-7 (03230)

저작권자의 허락없이 이 책의 일부 또는 전체를
무단 복제, 전재, 발췌하면 저작권법에 의해 처벌을 받습니다.

본문 인용 중 사용 서체 : Mapo 꽃섬

바라보고 기억하고 사랑하라

Seen
Known
Loved

5가지 사랑의 언어로
경험하는 하나님의 사랑

5 Truths About God & Your Love Language™

CONTENTS

시작하는 글 _ 사랑받은 사람만이 사랑할 수 있다   6

CHAPTER 1   17

모든 것을 바꾸는 한마디 "사랑해"

인정하는 말 / 소셜미디어와 인간의 갈망 / 사람들의 말만으로는 채워지지 않는다
하나님 말씀의 능력 / 하나님께서 당신을 보고 계신다! / 말씀 안에서 쉼을 얻으라

CHAPTER 2   33

하나님께서 당신을 보신다 : 당신은 중요한 사람이다

봉사 / 하나님께서 당신의 안타까움을 아신다 / 세상을 변화시킨 사람들
사랑에서 비롯된 행동 / 잘못된 것 바로잡기 / 하나님의 큰 그림
당신은 아웃사이더가 아니다 / 당신이 중요한 사람이라는 것을 믿으라

CHAPTER 3   53

당신은 가치 있는 존재다 : 은혜의 선물을 받으라

선물 / 군중 속의 고독 / 기쁨과 파티와 선물 / 돌아온 탕자 이야기
자격 없는 자에게 주시는 은혜 / 하나님께 돌아오라 / 하나님께 돌아가는 첫걸음
사랑 안에서 사는 삶

CHAPTER 4   71

당신은 하나님께 속해 있다 : 하나님의 영원하신 팔에 안기라

스킨십 / 스킨십의 순기능과 역기능 / 하나님의 팔에 안기다 / 영원한 포옹
당신은 하나님의 마음속에 있다 / 우리는 스킨십을 하도록 지음받았다

CHAPTER 5   87

하나님께서 당신을 아신다 : 하나님과 진정으로 연합하라

함께하는 시간 / 바쁘고 인기 있지만 외로운 사람들 / 예수님이 첫 번째다
외로움의 치유 / 서로를 깊이 아는 진정한 연합 / 하나님과의 연합을 위해

CHAPTER 6   103

사랑 안에서 살기

걱정에서 벗어나기 / 마음을 하나님께 두기 / 하나님을 향한 열정

시작하는 글

사랑받은 사람만이
사랑할 수 있다

당신은 무엇을 추구하는가?

많은 사람이 단순한 생존 이상의 무언가를 추구하며 살아간다. 의미를 추구하고, 존재의 목적을 추구한다. 자신의 삶이 가치 있다고 느끼기 원한다. 다른 사람들과 연결되어 있기 원하고, 함께하기 원하며, 세상을 조금 더 나은 곳으로 만들기 원한다.

한마디로 사랑하고 사랑받기를 원한다. 지금까지 나와 요크는 수백 명을 만나 그들이 살아가는 이야기를 들어보았다. 그들 대부분이 관계가 깨어져 힘들어한 경험이 있었고, 그 모든 괴로움의 밑바닥에는 사랑을 갈구하는 마음이 있었다. 인간의 심리를 연구하는 사람들은 인간에게 가장 필요한 정서 중 하나가 사랑받고 싶어하는 마음이라는 사실에 동의한다. 우리 모두에게는 내가 사람들의 모든 기대를 만족시키지는 못하더라도 나를 가치 있는 사람으로 보아 주기를 바라는 마음이 있다.

내가 『5가지 사랑의 언어』(The 5 Love Languages: The Secret to Love That Lasts)를 쓰게 된 것도 그러한 이유 때문이었다. 이 책은 영어권에서만 수백만 부가 팔렸고, 전 세계 50여 개 언어로 번역되었다. 인류학을 전공한 나는 '5가지 사랑의 언어'가 전 세계 모든 사회에서 보편적으로 적용된다는 사실을 깨닫고 놀라지 않을 수 없었다.

'5가지 사랑의 언어'에는 인정하는 말과 봉사, 선물, 함께하는 시간, 스킨십이 있다.

우리 각자에게는 이 중에서도 특히 '주된' 사랑의 언어가 있다. 즉 어떤 한 가지가 다른 네 가지보다 더 깊이 와 닿는다면 그것이 바로 그 사람의 주된 사랑의 언어다. 따라서 서로의 사랑의 언어가 무엇인지 알고 그 언어를 사용하는 것이 중요하다. 상대방의 사랑의 언어를 사용할 때 우리는 서로 잘 지낼 수 있다.

실제로 수천 쌍의 부부가 이 단순한 개념이 말 그대로 그들의 결혼 생활을 구원했다고 말했다. 미혼인 성인 남녀에게는 부모와의 관계를 이해하고 연인과의 관계를 발전시켜 나가는 데 도움이 되었다(만일 당신이 자신의 주된 사랑의 언어가 무엇인지 모른다면 www.5lovelanguages.com에서 무료로 검사할 수 있다).

이 책에서는 사랑의 언어에 대해 보다 자세히 살펴보고자 한다. 사랑의 언어는 당신이 그토록 원하는 사랑에 닿게 할 뿐 아니라 당신의 삶에 지대한 영향을 미칠 수 있다.

고통이 가득한 세상

최근에 뉴스를 본 적이 있는가? 세상이 돌아가는 모습을 보면서 우리는 많은 의문을 갖는다. 사랑이 그토록 중요하다면 왜 전 세계의 수많은 사람들이 서로 사랑하는 대신 싸우는 것인가? 그 원인이 대체 무엇인가?

한 가지 원인은 우리 모두가 자기 자신에게 심각하게 몰두해 있다는 것이다. 심리학자들이 "자기중심적"이라는 말로 표현하는 이것은 "자기본위적"인 것과 조금 다르다. 그것은 세상이 자신을 중심으로 돌아간다는 생각이다. 이 자연스러운 성향에는 스스로의 몸을 돌보게 하는 긍정적인 측면도 있다. 그러나 자기중심적 성향은 우리를 종종 이기주의로 이끈다. 즉 모든 것을 '이것이 나에게 득이 될까?' 하는 태도로 대하게 하는 것이다.

반면 사랑은 이기주의와 반대다. 사랑은 '어떻게 하면 내가 만나는 사람들의 삶을 더 낫게 할 수 있을까?' 생각한다. 진실한 사랑은 단지 느낌에 불과한 것이 아니라 적절한 행동이 곁들여진 태도다. 또한 진실한 사랑은 감정을 자극한다. 따라서 당신이 누군가의 '사랑의 언어'를 구사할 때 그 사람은 당신에게 사랑받는다고 느낀다.

자기중심적 성향 이외의 또 다른 원인은 많은 사람이 악한 세상에서 벌어지는 온갖 가슴 아픈 일과 트라우마, 자기 힘으로 어찌할 수 없는 고통스러운 일들을 경험한다는 것이다. 우리의 기질은 자기 자신에게 초점을 맞추는 성향과 경험으로 조건화된 습성이 합쳐진 것이다. 따라서 모든 것을 치유하는 사랑의 힘이 필요하지 않은 사람은 아무도 없다.

사랑을 찾아 헤매는 사람들

그렇다면 우리는 무엇을 추구해야 할까? 어떤 사람들은 '긍정적인 사고'로 성공에 이른다고 이야기한다. '할 수 있다고 믿으라. 그리하면 이루어진다'는 식의 긍정적 사고는 세상의 부정적인 면보다 긍정적인 면에 초점을 맞추고, 실패보다 기회에 초점을 맞춘다. 레몬(실망스러운 것들을 비유적으로 일컫는 말-역주)을 레모네이드로 만들고, 어둠을 저주하기보다 빛을 추구한다. 긍정적인 사고의 힘을 주제로 하는 책만 해도 수천 권이 될 것이다.

물론 긍정적인 태도를 유지하는 것은 여러모로 도움이 되지만, 사랑 안에서 살기 위해서는 긍정적인 사고 이상의 무언가가 필요하다. 날마다 얼굴에 먹구름이 끼어 있거나 자신에 대해 좋은 느낌이 들지 않을 때 긍정적으로 생각하기는 어렵다. 하지만 그럼에도 구도와 탐색은 계속된다.

많은 사람이 사랑을 찾아서 영적인 세계로 눈을 돌린다. 나는 그들이 올바른 방향을 향하고 있다고 믿는다. 인류학을 공부할 때 나는 문자가 없는 사회를 포함하여 전 세계의 다양한 종교에 대해 연구했다. 참으로 놀라운 것은 모든 인간 사회에는 영적인 세계에 대한 믿음이 있다는 것이다. 즉 세상에는 눈으로 보이는 것 이상의 무언가가 있다는 인식이 우리 안에 기본적으로 깔려 있는 듯하다.

나는 영적인 문제의 전문가가 되지는 못했지만 삶을 변화시키는 기독교 신앙의 힘을 깊이 탐구하고 체험하였다. 지금 나는 제도화된 종교로서의 기독교를 말하는 것이 아니라 사랑이신 하나님께 개인적으로, 진실하게 반응하는 것에 대해 말하는 중이다. 나는 하나님의 사랑이 더없이 만족스럽다는 것을 발견했다. 마치 하나님의 사랑이 우리의 마음속에 부어져 사랑받고 싶어하는 우리의 깊은 갈망을 충족시키는 듯하다. 하나님의 사랑은 우리의 사랑을 북돋는다. 우리는 사랑받았기에 다른 사람들을 진정으로 사랑할 수 있게 되는 것이다.

그렇다면 왜 많은 신앙인이 무례하고, 가혹하며, 남을 힘들게 하는가? 그리스도인의 사랑은 어디로 갔는가? 미국인의 70퍼센트가 스스로를 그리스도인으로 규정하지만, 그들 중 많은 사람이 사회, 문화적 배경 때문에 그리스도인이 된 사람들(cultural Christian)이다.[1] 그들은 기

---

1 "Religious Landscape Study," Pew Research Center, https://www.pew.forum.org/religious-landscape-study/.

독교 문화에서 자랐기 때문에 스스로를 그리스도인이라고 부른다. 하지만 그들 중 많은 사람이 개인적으로, 그리고 깊이 있게 하나님의 사랑을 체험하지 못했다. 그들은 여전히 사랑을 찾아 헤매고 있다. 종교와 상관없이 우리 중 많은 사람이 그런 것처럼 말이다. 사랑에 대한 깊은 필요를 충족시키기 전까지 우리는 결코 다른 사람을 사랑할 수 없을 것이다.

혼자라고 느끼는가?

이제 당신 자신에 대해 이야기해 보자.

대체로 당신은 자신이 가족이나 친구들, 그리고 하나님께 사랑받고 있음을 알면서도 그것을 분명하게 **느끼지는 못할** 것이다. 당신이 평범하고 일반적인 성향을 지녔다면 아마도 많은 시간 당신이 혼자라고 느낄 것이다. 사실 그렇게 느끼는 사람은 당신만이 아니다. 무수히 많은 사람이 자신이 혼자라는 생각에 괴로워한다.

이유가 무엇일까? 우리가 경험한 현실은 우리 안의 가장 깊숙한 곳에 있는 무언가, 우리를 사랑이신 하나님과의 관계 속으로 끌어당기는 무언가를 나타내 주는 지표다. 이 책에서는 바로 그것에 대해 다루고자 한다.

아마도 당신은 '5가지 사랑의 언어'에 대해 들어 본 적이 있을 것이다. 어쩌면 누군가에게 5가지 사랑의 언어가 결혼생활에 도움이 되었다는 이야기를 들었을지도 모르겠다. 5가지 사랑의 언어를 통해 그 이상의 무언가를 경험할 수도 있을 것이다.

그렇다면 사랑의 언어는 어떻게 작동하는가? 5가지 사랑의 언어를 통해 하나님에 관한 무엇을 배울 수 있을까? 우리가 어떻게 하나님의 사랑에 연결되어 실제로 그 사랑을 느낄 수 있을까?

이러한 것들이 바로 이 책에서 다루려는 내용이다.

하나님과 멀어진 삶

이 책의 공저자인 요크는 하나님과 거리가 먼 삶을 살아온 사람으로, 자신의 주된 사랑의 언어나 영적인 필요에 대해서 오랫동안 생각해 본 적이 없었다. 그가 어렸을 때 부모님은 집 앞에 '무신론자의 집'이라는 팻말을 걸어 두고, 집 옆에 가져다 둔 커다란 깡통에 성경을 불태우곤 했다. 그렇게 그의 가족은 하나님에 대해 무관심했을 뿐 아니라 하나님에 관한 모든 것에 적대적이었다.

요크가 자신의 영혼에 관심을 갖고 그 이상의 무언가를 갈망하게 된 것은 대학교 3학년 때부터였다.

하나님의 사랑을 체험한 뒤 그는 하나님의 사랑을 되도록 많은 사람과 나누기 위해 노력했다. 지금까지 30년간 책과 라디오, 텔레비전을 통해 수십만 명의 사람들에게 하나님의 사랑을 전했다. 사람들과 일대일로 만나 함께 차를 마시거나 담소를 나누며 하나님의 사랑을 전하기도 했다.

그가 사람들과 대화를 나누면서 얻은 결론은 두 가지다. 하나는 그가 만난 **모든 사람이 사랑이나 사랑의 결핍으로 인해 깊은 영향을 받았다**는 것이고, **모든 사람이 사랑을 자기만의 방식으로, 즉 자신의 사랑의 언어로 경험하고 싶어한다**는 것이다. 그러므로 나와 요크의 바람은 당신이 마음속 깊이 원하는 것에 대한 해답을 얻고 지속적으로 하나님의 사랑을 느낄 수 있도록 돕는 것이다.

당신의 사랑의 언어를 통해 하나님의 사랑을 체험할 때 당신도 다른 사람들을 사랑할 수 있게 될 것이다. 즉 우리는 사랑받을 때 사랑할 수 있다.

바라보고
기억하고
사랑하라

Seen
Known
Loved

**5 Truths About God
& Your Love Language™**

CHAPTER 1

모든 것을 바꾸는 한마디
"사랑해"

인정하는 말

사랑은 세상에서 가장 위대한 힘이다. 사랑은 제국의 흥망성쇠에 영향을 미치고 많은 사람이 누군가를 위해 목숨을 바치게 하였으며, 수많은 시와 노래, 책, 연극, 영화에 영감을 주었다.

인터넷이 발명되고 소셜미디어가 진화하기 전에는 사람들이 손으로 직접 쓴 편지를 신문사에 보내서 사랑과 관계에 관한 세계적인 전문가, 앤 랜더스(Ann Landers)에게 조언을 구했다. 앤 랜더스는 50년간 '앤 랜더스에게 물어보세요.'라는 칼럼을 쓴 유명 칼럼니스트, 에스더 폴린 레더러(Esther Pauline Lederer)의 필명이다.

앤 랜더스는 심리학자나 상담가가 아니지만, 그녀의 실제적이고 상식적이며 배려와 공감에 기초한 조언은 많은 독자의 마음을 사로잡았다. 앤 랜더스는 사랑을 이해했다. 언젠가 이렇게 말한 적이 있다. "사랑은 열정이 더해진 우정입니다. 조용한 이해와 서로에 대한 확신, 나눔과 용서입니다. 사랑은 삶이 순탄할 때나 힘들 때나 늘 한결같습니다. 사랑은 완벽하지 않은 것에 만족할 줄 알고 인간의 연약함을 받아들입니다. … 만약 당신의 삶 속에 사랑이 있다면 그것은 당신에게 없는 많은 것을 보상해 줄 것입니다. 그러나 사랑이 없다면 다른 그 무엇이 있어도 충분하지 않습니다."[2]

우리는 왜 자신이 사랑받고 있다거나 사랑받을 만하다고 믿기를 거부하는 것일까?

누군가 우리에게 **사랑한다**고 말해 줄 때 모든 게 달라진다. 사랑한다는 말은 우리가 스스로를 가치 있는 존재로 느끼게 하고, 인생이라는 거친 바다에서 우리의 닻이 되어 준다. 우리가 몹시 힘든 상황에 처했을 때, 깊은 상처를 받았거나 삶이 무너져 내릴 때 친구나 배우자, 부모님, 자녀에게 듣는 사랑한다는 말은 모든 것을 변화시킨다. 그 한마디로 모든 게 달라지는데 우리는 왜 그토록 자주 자신이 사랑받고 있다거나 사랑받을 만하다고 믿기를 거

---

[2] Ann Landers, *Wake Up and Smell the Coffee!: Advice, Wisdom, and Uncommon Good Sense* (New York: Villard, 1996), 34.

부하는 것일까? 안타깝게도 많은 사람이 사랑한다는 말을 듣고도 믿지 않고, 계속해서 자신이 사랑받는다고 **느끼기 위해** 애를 쓴다.

소셜미디어와 인간의 갈망

'앤 랜더스에게 물어보세요.' 칼럼이 신문 지면에서 사라진 지 오래지만 우리는 지금도 소셜미디어를 통해 사랑에 관한 도움을 요청한다. 소셜미디어는 사랑에 관한 대화를 훨씬 더 복잡하게 만들었다. 어떤 면에서는 소셜미디어로 인해 사랑에 대한 갈망이 더 커졌다고도 볼 수 있다. 우리는 소셜미디어에서 우리가 꿈꿔 온 삶을 살고 있는 사람들을 1년 365일, 하루 24시간 볼 수 있기 때문이다.

소셜미디어를 통해 우리는 아름다운 장소를 배경으로 함박웃음을 짓고 있는 사람들과 아늑한 레스토랑에서 오붓한 시간을 보내는 부부, 친구들과 즐거운 모임을 갖는 사람들, 귀여운 아기의 모습을 보면서 우리 삶에 대해 불만족스러운 느낌을 받는다.

그와 동시에 우리 중 많은 사람이 소셜미디어에 의존한다. 우리가 올린 글이나 사진을 보고 누군가 '좋아요'를 누를 때 짜릿한 희열을 느끼며 소셜미디어에 더욱 집착하게 되는 것이다.

그러나 사실은 소셜미디어를 많이 이용할수록 더 외롭다. 진정한 사랑을 값싼 대체물로 만족하기 때문에 사랑이 부족하다고 느낀다. 이는 마치 갈증을 해소하기 위해 바닷물을 들이키는 것과 같다. 피상적인 사랑에 만족할 때 우리는 계속해서 사랑에 목말라하게 된다.

사람들의 말만으로는 채워지지 않는다

어떤 사람들은 실제로 사랑한다는 말을 듣기 원한다. 자신의 주된 사랑의 언어가 인정하는 말인 사람에게는 진심 어린 칭찬이나 격려가 대단히 중요하다! 이런 말들은 그들의 하루를 밝게 해 준다. 그들은 자신이 사랑받는 이유를 들을 때 하늘을 날 듯한 기분이 된다.

그러나 문제가 있다. 인정하는 말은 강력한 효과를 발휘하지만 아무리 많이 들어도 부족하기 때문이다.

우리는 소셜미디어에 올라온 댓글이나 '좋아요' 숫자를 보면서 더 많은 댓글과 반응을 원한다. 인정하는 말을 들으면 들을수록 더 많은 인정의 말을 듣고 싶어하는 것이다.

예를 들어 보겠다. 리건은 귀여운 두 자녀를 키우는 30대 초반의 전업주부다. 그녀는 화목한 가정을 이루었음에도 또래의 다른 주부들과 자신을 비교하기 시작했다. 그래서 종종 자신이 좋은 엄마인지, 자신의 가정이 남들이 부러워할 만한 가정인지, 자신에게 뭔가 부족한 점은 없는지 등을 생각하게 되었다. 그래서 그녀는 어린 두 자녀를 돌보는 사이사이에 인스타그램에 사진을 올렸다. 자신이 늘 좋은 엄마처럼 보이고, 행복해 보이고, 무엇보다도 사랑받고 있는 것처럼 보이는 사진들만 골라서 말이다.

사진에 달린 댓글들은 그녀에게 즉각적인 만족감을 주었다. 하지만 그녀는 점점 더 많은 댓글을 원하게 되었다. 그렇게 점점 더 많은 시간을 SNS의 댓글을 보는 데 쓰면서도 자신이 사랑받는다고 느끼지 못했다.

리건의 괴로움은 우리 모두의 괴로움이기도 하다. 이러한 괴로움은 우리가 하나님의 사랑을 필요로 하는 존재라는 것에서 비롯된다. 리건의 주된 사랑의 언어는 인정하는 말이었기 때문에 그녀는 주로 말을 통해 하나님의 사랑을 체험했다. 문제는 이 세상에는 그녀가 충분히 사랑받는다고 느낄 만큼 인정하는 말이 많지 않다는 것이다. 그녀처럼 주로 말로 사랑을 체험하는 사람들에게는 다음과 같은 하나님의 말씀이 절실하다.

> 산들이 떠나며 언덕들은 옮겨질지라도
> 나의 자비는 네게서 떠나지 아니하며
> 나의 화평의 언약은 흔들리지 아니하리라.
> 너를 긍휼히 여기시는 여호와께서 말씀하셨느니라(사 54:10).

하나님 말씀의 능력

하나님은 당신을 사랑하신다. 그분은 자비의 눈길로 당신을 바라보시며 당신과 화평하기 원하신다. 그리고 하나님의 말씀은 우리가 온라인으로 접하는 일시적이고 피상적인 말보다 훨씬 더 강력하다. 우리의 영혼에 닻이 되어 준다.

앞에서 인용한 성경구절에 당신의 이름을 넣어서 읽어 보라. 예를 들어 리건의 이름을 넣어서 읽으면 다음과 같다. "산들이 떠나며 언덕들은 옮겨질지라도 나의 자비는 리건에게서 떠나지 아니하며 나의 화평의 언약은 흔들리지 아니하리라. 리건을 긍휼히 여기시는 여호와께서 말씀하셨느니라."

하나님의 말씀은 강력하다. 하나님의 말씀에는 우리가 애쓰지 않아도 꾸준히 우리에게 주어지는 사랑이 담겨 있기 때문이다.

하나님은 당신을 사랑하신다. 하나님이 그렇게 **말씀**하시며, 당신은 날마다 그 사랑을 체험할 수 있다. 당신의 주된 사랑의 언어가 인정하는 말일 경우 특히 더 사랑받는다고 **느낄 수 있다**.

당신은 하나님의 말씀을 들음으로써 그분의 사랑 안에서 살 수 있다. 예컨대 모바일 기기로 당신 스스로에게 하나님의 말씀을 들려줌으로써 예전 같으면 상상도 못했을 방식으로 하나님의 사랑을 체험할 수 있다.

대부분의 사람들은 성경을 즐겨 읽지 않지만, 정기적으로 성경을 읽으면 스트레스가 줄어들고, 마음이 평안해지며, 사랑과 감사의 삶을 사는 데 도움이 된다는 것이 여러 연구를 통해 밝혀졌다.

왜일까? 하나님의 말씀에는 힘이 있기 때문이다.

다음과 같은 예수님의 말씀을 생각해 보라.

> 나는 생명의 떡이니
> 내게 오는 자는 결코 주리지 아니할 터이요
> 나를 믿는 자는
> 영원히 목마르지 아니하리라 (요 6:35).

그 누구도, 부모님이나 배우자도 우리에게 이런 말을 할 수 없다.

누군가 이런 말을 하면 당신은 터무니없는 소리라고 생각할 것이다. 오직 예수님만이 의미 있는 방식으로, 그리고 우리 삶에 심오한 영향을 미치는 방식으로 이런 말씀을 하실 수 있다.

사랑에 대한 우리의 깊은 갈망은 예수님과의 관계에서 충족된다. 하나님은 우리가 그분께 나아갈 때 결코 주리거나 목마르지 아니하리라고 약속하신다.

하나님은 영원한 사랑으로 우리를 사랑하시기에 그분께 나아오라고 우리를 초청하신다.

하나님께서 당신을 보고 계신다!

변치 않는 분명한 사실은 하나님께서 당신을 보고 계신다는 것이다. 당신은 결코 투명인간 같은 존재가 아니다. 하나님은 당신이 대단히 훌륭할 때나 형편없을 때나 늘 당신을 지켜보시며 한결같이 당신을 사랑하신다. 그리고 당신이 이 사실을 알기 원하신다.

사랑받는다고 **느끼는 것**은 곧 하나님이 우리를 보고 계시는가의 문제일 때가 있다.

자신의 주된 사랑의 언어가 인정하는 말인 사람들은 다른 사람들의 눈에 띄기 위해 필사적으로 노력한다. 사람들에게 자신을 보았다는 말과 좋아한다는 말을 들을 수 있도록 말이다.

> 우리는 존재감 없는 사람이 되는 것을 두려워한다.

그렇게 우리는 존재감 없는 사람이 되는 것을 두려워하며 인정하는 말을 들으려고 열심히 노력한다. 인정하는 말은 다른 사람들이 우리를 눈여겨보았고 또 사랑한다는 것을 확신시켜 주기 때문이다.

소셜미디어의 놀라운 점이 바로 이것이다. 우리는 예전에는 상상도 하지 못한 방식으로 스스로를 드러내 보일 수 있다. 앞에서 예를 든 리건처럼 우리의 일상을 보여 주는 사진들을 소셜미디어에 올림으로써 전 세계를 향해 우리가 여기 있다고 말한다.

당신이 SNS에 무언가를 올렸는데 아무도 '좋아요'를 누르지 않은 경험을 한 적이 있는가? '좋아요'를 누른 단 한 사람이 당신의 가족인 적은 없었는가?

사람들의 눈에 띄고 싶어하는 욕구 밑바닥에는 사랑받고자 하는 간절한 바람이 있다. 다시 말하지만 하나님은 당신을 보고 계신다. 아니, 하나님은 사실 태초부터 당신을 보시고 돌봐 주셨다.

성경에는 매우 암울하고 힘든 시기에 하나님께서 어떻게 친히 자신의 삶에 개입하셨는지 깨달음으로써 하나님의 사랑을 체험했던 시인의 시가 나온다. 여기 그 시의 일부가 있다. 잠시 시인의 입장이 되어 생각해 보라.

> 여호와여 주께서 나를 살펴보셨으므로 나를 아시나이다.
> 주께서 내가 앉고 일어섬을 아시고
> 멀리서도 나의 생각을 밝히 아시오며 …
> 내가 주의 영을 떠나 어디로 가며
> 주의 앞에서 어디로 피하리이까.
> 내가 하늘에 올라갈지라도 거기 계시며
> 스올에 내 자리를 펼지라도 거기 계시니이다.
> 내가 새벽 날개를 치며 바다 끝에 가서 거주할지라도
> 거기서도 주의 손이 나를 인도하시며

주의 오른손이 나를 붙드시리이다.…

주께서 내 내장을 지으시며 나의 모태에서 나를 만드셨나이다.

내가 주께 감사하오음은 나를 지으심이 심히 기묘하심이라.

주께서 하시는 일이 기이함을 내 영혼이 잘 아나이다.

(시 139:1-2, 7-10, 13-14).

당신은 행복한 삶을 살고 있을 수도 있고, 무언가 부족하다고 여겨지는 삶을 살고 있을 수도 있다. 혹은 이 시를 쓴 시인처럼 힘든 시기를 보내고 있을 수도 있다.

당신의 현재 삶이 어떠하든 우리 한 사람 한 사람은 보다 깊은 사랑을 누리기 위해 지음받았다. 그 안에서 우리가 알려지고, 보여지며, 우리의 불완전하고 연약한 모습 그대로 받아들여지는 그런 사랑을 받아 누리기 위해서 말이다. 이러한 사랑은 오직 하나님과의 관계 안에서만 경험할 수 있다.

생각해 보기

말씀 안에서 쉼을 얻으라

"사랑한다"는 한마디가 모든 것을 바꿔 놓는다.

하나님과의 관계에서 이 말이 뜻하는 바를 체험할 때 이 말은 단지 우리의 기분을 좋게 하거나 하루를 밝게 해 줄 뿐 아니라 우리를 내면 깊숙한 곳에서부터 변화시킨다. 하나님은 당신이 그분의 사랑을 체험하고, 그분께 사랑받고 있다고 '느끼기'를 원하신다. 하나님은 우리가 다른 사람들의 칭찬을 바라고 기다리기보다 하나님의 말씀에 근거하여 자존감을 얻기 원하신다. 하나님의 말씀은 변함이 없으시며, 늘 우리의 삶 속에 적용할 수 있다. 하나님의 사랑은 하나님과의 관계 안에서 우리의 참된 정체성과 가치를 찾으라는 초대다.

사랑의 언어는 쌍방향으로 작동한다. 우리의 주된 사랑의 언어가 무엇이든 하나님은 다양한 방법으로 우리에 대한 사랑을 보여 주시고, 우리도 같은 방법으로 하나님께 반응할 수 있다.

우리는 하나님과 다양한 방법으로 사랑을 주고받지만, 대개는 우리의 주된 사랑의 언어를 통해 이루어진다. 특히 자신의 주된 사랑의 언어가 인정하는 말인 사람들은 인정하는 말로 하나님께 사랑을 표현할 수 있다. 이것을 우리는 찬양과 경배라고 부른다.

이것을 한번 시도해 보라.

당신이 기도를 한 번도 해 본 적이 없든, 아니면 기도가 생활화되어 있든 하나님께 사랑한다고 말씀드려 보라. 하나님께 말씀드리며 시간을 보낼 때 하루가 어떻게 달라지는지 보라.

하나님은 당신을 사랑하신다고 말씀하신다. 당신이 그분께 가치 있는 존재라고 말씀하신다. 당신이 소중하다고 말씀하신다. 이런 말씀들을 하나님께 되돌려 드리면 어떨까?

혼자 있을 때, 차 안이나 엘리베이터 안에서, 혹은 그냥 마음속으로 하나님께 찬양과 경배를 드려 보라.
예를 들면 다음과 같을 것이다. "하나님, 하나님은 참으로 놀라운 분이십니다." "하나님, 사랑합니다." "하나님, 하나님은 늘 제 곁에 계십니다." "하나님, 하나님은…."
당신이 평소에 기도를 자주 하지 않는 편이라면 아주 간단한 기도도 좋다. 하나님은 당신의 기도를 들으신다! 우리의 입술로 사랑을 표현할 때 우리는 사랑을 '느끼며', 보다 잘 사랑하는 자신을 발견하게 된다.
우리는 하나님께서 알지 못하시는 그분의 속성을 말씀드리기 위해 하나님께 찬양을 드리는 것이 아니다. 하나님은 자신이 얼마나 놀라운 분인지 이미 알고 계신다. 우리가 하나님을 찬양하는 것은 우리 마음이 하나님에 관한 진리와 연결되게 하기 위함이고, 그 과정에서 하나님의 사랑을 '느끼기' 위함이다.
이것을 시작하는 한 가지 방법은 앞에 나오는 시편 139편으로 하나님께 찬양을 드리는 것이다.
지금 이 시편을 소리 내어 읽고 당신의 기분이 어떤지 보라. 우리 입에서 흘러나오는 찬양을 듣는 것은 우리를 향한 하나님의 말씀을 마음 깊이 받아들이는 데 도움이 될 뿐 아니라 우리가 더 많은 사랑을 느끼고, 더 많은 사랑을 주는 데에도 도움이 될 것이다.

바라보고
기억하고
사랑하라

Seen
Known
Loved

5 Truths About God
& Your Love Language™

CHAPTER 2

하나님께서 당신을 보신다

당신은 중요한 사람이다

봉사

어린 소녀가 자기 방 창밖에 있는 꽃밭을 내려다보았다. 꽃밭에는 잡초가 무성하게 자라 있었다. 소녀가 그토록 사랑하는 베고니아의 빨갛고 하얀 꽃들이 보이지 않았다.

꽃밭을 사랑하는 소녀는 문제를 해결하러 나섰다. 잡초를 뽑아서 엄마 아빠를 놀라게 해 드리기로 마음먹고, 한 손에 양동이를 든 채 쪼그리고 앉아서 아빠한테 배운 대로 잡초를 뿌리째 뽑기 시작했다.

소녀는 잡초에 뒤덮인 예쁜 꽃까지 뽑지 않도록 조심하면서 끝이 뾰족한 잡초를 뽑고 또 뽑아서 양동이에 넣었다.

양동이는 금세 잡초로 가득 찼다. 소녀는 혼자의 힘으로 잡초를 다 뽑아서 꽃밭을 원래의 아름다운 상태로 되돌려 놓을 수 있을 거라고 믿으며 열심히 일했다.

그러나 소녀는 일을 끝마치려면 아직도 한참 멀었다는 것을 알게 되었다. 더 큰 문제는 잡초를 뽑으려다가 연약한 꽃의 뿌리까지 뽑아 버린 것이었다.

잡초가 우거진 꽃밭을 보며 소녀는 그 일이 자신에게 너무 버거움을 깨닫고 한숨을 내쉬었다. 그러고는 무력감을 느끼며 양동이를 치우고 안으로 들어가서 손을 씻었다.

인생을 살면서 우리는 종종 이 어린 소녀와 같은 경험을 할 때가 있다. 상황을 변화시키고 세상을 더 아름답게 만들기 위해 애쓰지만, 문제가 너무 만연해 있고 그 뿌리가 너무 깊다는 것을 깨닫는 것이다. 그리하여 점차 우리가 무언가를 변화시킬 수 있다는 믿음을 잃어버린 채 양동이를 치우고 손을 씻게 된다.

하나님께서 당신의 안타까움을 아신다

당신이 무엇을 하든 세상은 달라지지 않을 것이라고 생각한 적이 있는가?

양동이에 잡초가 가득 차 있는 것을 보고 한숨을 내쉬었던 적이 있는가?

우리는 세상을 변화시키기 위해 열정을 가지고 무언가를 시작하지만, 힘든 상황에 봉착하면 그 일을 미루거나 포기한다. 우리의 행동이 과연 변화를 일으킬 수 있을지, 그러한 우리를 **눈여겨보는** 사람이 있을지에 대해 의구심을 갖는다. 그러면서 삶의 문제는 우리가 생각했던 것보다 훨씬 더 크고 복잡하다는 것을 점점 더 깨닫게 된다.

그러나 하나님은 당신을 보고 계시며, 당신이 그 사실을 알기 원하신다.

하나님은 당신의 따뜻한 마음을 보시고, 세상과 당신의 삶에서 잡초를 뽑아내려는 당신의 열의를 보시고, 그 일로 인한 당신의 피로를 보신다.

하나님은 그 일이 우리에게 너무 버겁다는 것을 이미 알고 계신다. 그리고 **당신과 당신의 행동이 중요하다**는 것을 당신이 알기 원하신다. 당신은 그 일의 외부인이 아니다. 우리의 행동과 의도는 우리가 하늘 아버지의 자녀임을 나타낸다.

꽃밭을 예쁘게 가꾸고 싶어한 어린 소녀처럼, 우리는 잡초로 가득한 세상을 바라보며 세상이 이래서는 안 된다는 것을 안다. 소녀가 아름다운 꽃과 보기 흉한 잡초의 차이를 알았던 것처럼, 우리도 현재의 세상과 마땅히 그러해야 할 세상의 차이를 안다.

세상을 변화시킨 사람들

이 시대의 위대한 영웅 중 하나는 인신매매와 싸우는 비정부기구를 출범시킨 게리 하우건(Gary Haugen)이라는 사람이다. 우스꽝스러운 헤어스타일에 두꺼운 안경을 쓰는 게리 하우건은 미국 법무부 소속 법률가지만 1997년에 법무부를 떠나 국제정의선교회(International Justice Mission, 이하 IJM)를 설립하였다.

IJM은 전 세계의 다양한 지역에서 활동하고 있으며, 이 책을 쓰고 있는 현재까지 약 5만 명을 노예와 같은 삶에서 구해 냈다. 뿐만 아니라 IJM은 법을 바꾸고 전 세계의 사법기관에 훈련 프로그램을 제공하는 데에도 중요한 역할을 해 왔다.

IJM은 해외 여러 나라의 인권 정책 수립에 도움을 주었고, 인신매매에 관한 세계적인 수준의 연구를 진행하였으며, 무수히 많은 범죄자를 재판에 넘겼다.

인신매매단이 장악하고 있던 지역의 공동체 전체가 IJM을 통해 자유를 얻었다. 불의의 잡초 때문에 제대로 숨도 못 쉬던 사람들의 꽃밭이, 고통으로 얼룩진 마을이 게리 하우건과 IJM 덕분에 점차 정의와 아름다움의 장소로 바뀌어 빨갛고 하얀 희망의 꽃들을 피우고 있다.

그러나 만일 게리 하우건이 그와 같은 행동을 하지 않았다면 어땠을까? 조티와 같은 아이는 어떤 삶을 살게 되었을까?

조티는 게리와 그의 팀이 사창가 및 다양한 형태의 노역장에서 구해 낸 5만 명 중 한 사람이다.

조티가 자유의 몸이 되었을 때의 나이는 겨우 여섯 살이었다. IJM 덕분에 성매매에서 해방된 조티와 다른 많은 아이들은 현재 아주 잘 지내고 있다.

미국 법무부에서의 성공적인 커리어를 뒤로 하고 IJM을 시작하기로 한 게리의 결정은 조티의 삶과 공동체에 커다란 변화를 가져왔다.

"악이 승리하는 데 필요한 단 한 가지는 선한 사람이 아무것도 하지 않는 것"이라는 유명한 말이 있다. 이 말을 처음으로 한 사람이 누구 인지는 확실치 않지만, 참으로 강력한 진리다.

문제는 우리가 이토록 피로한데 어떻게 정의를 위한 싸움을 계속하고, 더 나은 세상을 꿈꾸며, 정의와 아름다움을 위해 일할 수 있느냐, 하는 것이다.

게리와 그의 팀은 어떻게 그럴 수 있었을까?

그들도 피로하지 않았을까?

그들의 양동이도 우리의 양동이처럼 잡초로 가득하지 않았을까?

우리의 삶과 세상의 문제들은 매우 복잡하고 뿌리가 깊다. 그래서 정의와 아름다움을 위해 일하다 보면 의도치 않게 좋은 것들의 뿌리 까지 뽑힐 위험이 있다.

그렇다면 게리와 그의 팀은 어떻게 세상을 변화시킨 것일까?

사랑에서 비롯된 행동

이 지점에서 사랑이 등장한다. 우리의 행동은 **중요**하고, 또한 세상을 **변화**시키지만, 사랑에서 비롯될 때 가장 강력한 힘을 갖는다.

사랑에는 무한한 힘이 있다. 사랑은 선을 행하려는 우리의 바람을 실제적이고 영구적인 것으로 바꿔 놓는다.

> 우리의 행동이
> 사랑에서 비롯될 때
> 가장 강력한 힘을 갖는다.

어떻게 그러한 일이 일어날까?

오직 하나님 한 분만이 우리의 삶과 우리가 사는 세상을 바꿀 힘을 가지고 계시며, 하나님과 함께 정의와 아름다움을 추구할 때 우리는 지치지 않는다. 이것이 바로 게리 하우건이 IJM을 시작할 때 발견한 것이다.

게리와 그의 팀은 자신들이 그 일을 해 나가는 데 있어서 하나님의 초자연적이고 한량없는 사랑이 필요하다는 것을 일찌감치 깨달았다. 게리와 전 세계의 IJM 팀은 날마다 기도 시간을 갖고 하나님께 사랑을 표현하는 것으로 하루를 시작한다.

그리고 하루 중에도 잠시 일을 멈추고 하나님께 사랑과 경배의 기도를 드린다.

소외당하고 억압받는 사람들에 대한 사랑뿐 아니라 하나님께 표현

하는 사랑을 통해 그들은 잡초로 가득한 이 피로한 세상에서 그들의 일을 계속해 나갈 힘을 얻는다.[3]

거듭 말하지만 사랑은 세상을 변화시킨다.

성경에는 유명한 문구가 가득한 책 〈잠언〉이 있다. 다음은 〈잠언〉에 나오는 구절 중 하나다.

> 의와 사랑을 추구하는 사람은
> 생명과 의와 영광을 얻는다(잠 21:21, 현대인의성경).

의와 사랑의 조합은 마법 같은 힘을 발휘한다. 이 두 가지가 함께할 때 해 아래의 그 무엇도 당해 낼 수 없다. 사랑이 없으면 우리의 행동은 지속력을 잃고, 피로와 분노와 고통에 사로잡힌다.

두 번째 "의"에 해당하는 원어의 문자적인 의미는 '번영'이다. 따라서 의와 사랑으로 잘못된 것을 바로잡고자 하는 사람은 생명과 번영과 영광을 얻을 것이다. 의와 사랑이 만나면 잡초와 좌절감으로 가득한 세상을 이길 지속적인 힘이 생긴다.

그렇다면 "영광"은 무엇을 의미하는가? 그것은 우리의 성취를 **인정** 받는 것을 의미한다.

---

[3] Gary A. Haugen, *Good News about Injustice: A Witness of Courage in a Hurting World* (Downers Grove, IL:InterVarsity Press, 2009), 25-31.

우리가 사랑 안에서 의로운 세상을 추구할 때 사람들은 우리를 보고 우리를 안다.

어린 소녀가 혼자 잡초를 뽑는 대신 아빠와 함께 웃기도 하고 서로를 격려하기도 하면서 잡초를 뽑았다면 어땠을까? 그랬다면 무력감에 빠진 어린 소녀에게 큰 힘이 되지 않았을까? 그날 저녁 소녀의 아빠는 틀림없이 "잘했어." "훌륭해." "우리가 해냈어." 같은 말을 해 주었을 것이다.

이런 말을 듣는 것은 영광스러운 일이다. 정의를 추구하는 사람들은 종종 자신들이 잘하고 있음을 알아야 한다. 그들은 마땅히 인정받아야 한다.

잘못된 것 바로잡기

성경은 사람들을 사랑하고 정의로운 세상을 만들기 위해 노력하는 삶에는 영광이 따른다고 가르친다.

> 사랑과 의가 함께할 때 우리는 번영할 것이다!

우리가 사랑과 의를 추구하며 살 때 사람들이 우리를 볼 것이다. 하지만 의를 위해 애쓰는 사람들은 대체로 사랑에 대해 많이 생각하지 않으며, 사랑이 많은 사람들은 제도적인 불의에 맞서 싸우기 위해 좀처럼 거리로 나가지 않는다. 그러나 의와 사랑이 만나면 그 힘은 가히 폭발적이다!

하나님은 우리를 사랑을 주고받는 존재로 지으셨다. 우리는 자신의 주된 사랑의 언어로 사랑받을 때 사랑받는다고 느낀다. 우리의 사랑의 언어는 우리가 내면 깊숙한 곳에서부터 사랑을 느끼고 경험할 수 있게 해 준다.

봉사라는 사랑의 언어로 사랑받는 사람들은 대체로 정의 구현에 열심이다. 그들은 고통과 소외와 억압이 존재하는 현 상황에 만족하지 않는, 행동 지향적인 사람들이다. 게리와 어린 소녀처럼 그들은 정의롭고 아름다운 세상을 위해 노력한다. 마땅히 그러해야 할 세상을 위해 노력한다. 봉사가 주된 사랑의 언어인 사람들은 잘못된 것을 바로잡기 위해 노력한다.

하나님의 큰 그림

당신은 평소에 봉사를 많이 하는 편인가?

당신이 주로 '봉사'라는 사랑의 언어를 사용하는 사람이라면 다른 사람들과 세상에 대한 사랑과 관심을 행동으로 표현할 때가 많을 것이다. 또한 당신은 주변 사람들의 행동을 통해 사랑을 경험한다. 당신은 말보다 행동이 중요하다고 생각한다. 사람들이 소매를 걷어붙이고 실제로 **무언가를 해야 한다**고 생각한다. 다른 사람들이 당신을 주목하고, 인정해 주고, 행동으로 사랑과 관심을 줄 때만 자신이 사랑받는다고 느낀다.

주된 사랑의 언어가 봉사인 사람들은 큰 그림을 그리는 사람들이기도 하다.

그들은 종종 정치적으로나 사회적으로 다른 사람들의 필요를 해결하는 데 기꺼이 자신의 에너지를 쏟는다. 그들은 정원 전체를 잡초가 없는 곳으로 만들고 싶어한다. 이러한 유형의 사람들이 게으름을 피우거나 약속을 지키지 않거나 실제로 행동하지 않는 것을 짜증스러워하는 이유다.

이것은 우리가 어떻게 큰 그림을 그리시는 하나님에 의해 창조되었는지를 보여 준다. 창조의 하나님은 마음속에 큰 그림을 그리고 만물을 조화롭게 창조하셨다. 아름다운 시내가 강으로 흐르고, 강은 호수와 바다로 흐르고, 호수와 바다는 모든 아름다운 포유류와 가금류, 곤충, 해양 생물을 먹여 살린다.

창조의 하나님은 그저 홀로 떠돌아다니는 생물들을 창조하신 게 아니다. 하나님의 창조 세계에는 균형과 아름다움이 있다. 우리도 존재의 내면으로부터 이것을 알고, 아름답고 균형 잡힌 세계를 추구한다.

당신은 아웃사이더가 아니다

서글픈 현실은 우리가 사는 세상이 완전하지 않다는 것이다.

세상에는 잡초가 존재한다. 어린아이들이 사창가로 팔려 가고, 사람들은 완악하며, 세상을 위해 좋은 일을 하지도 않는다.

이것은 특히 주된 사랑의 언어가 봉사인 사람들을 좌절시킨다. 그들의 모든 수고에도 불구하고 그들은 종종 무력감을 느낀다. 양동이가 이미 잡초로 가득 찼는데도 끊임없이 잡초를 뽑아야 하는 어린 소녀처럼 말이다.

우리는 점차 이상을 포기하고 양동이를 내려놓은 뒤 손을 씻는 자신을 발견한다.

그러나 우리는 하나님과의 관계 안에서 우리가 하는 일을 통해 사랑을 체험하며 살아갈 수 있다. 즉 하나님께 인정받고 하나님과의 관계 안에서 다른 사람들에게도 인정받을 때 자신이 사랑받는다고 느낀다.

또한 우리는 우리가 결코 무력하지 않으며 우리가 하는 일이 의미가 있다는 것을 안다. 주된 사랑의 언어가 봉사인 사람들이 혼자 애쓰고 수고할 때, 우리는 넘치는 양동이와 절망적인 상황을 보며 지치고 씁쓸한 마음이 된다.

그러나 〈잠언〉에서 말하는 것처럼 사랑과 의가 함께할 때 우리는 번영할 것이다!

하나님은 당신이 **중요**하며, 당신의 삶이 세상과 연결되어 있다는 것을 당신이 알기 원하신다.

또한 당신의 행동이 사랑에서 비롯될 때 세상을 변화시킬 수 있다는 것을 당신이 알기 원하신다.

당신은 하나님과의 관계 안에서 세상을 빚어 나가도록 창조되었다. 하나님께서 우리를 창조하신 것은 나무 밑에 앉아서 세상을 관망하도록 하시기 위함이 아니다.

하나님은 방관자를 창조하지 않으셨다.

하나님은 사랑 안에서 그분과 함께 아름다운 세상을 빚어 나갈 자녀들을 창조하셨다.

생각해 보기

당신이 중요한 사람이라는 것을 믿으라

우리가 하나님에 대해 말하는 모든 이야기는 우리 스스로 만들어 낸 아이디어가 아니다.

우리는 노호하는 바다를 창조하시고, 산봉우리를 눈보라로 덮으시고, 희망과 기쁨이 넘치는 아름다운 아이들로 세상을 가득 채우신 하나님에 대해 말하는 것이다.

그분은 실재하신다. 그분은 세 가지 방식으로 스스로를 계시하신다.
첫 번째 방식은 그분이 창조하신 세계를 통한 것이다.
세상 만물을 지으신 하나님은 창조 세계의 모든 면에 관여하시며 당신의 삶에도 친히 관여하신다. 하나님께서 당신을 보고 계신다. 그분께 당신은 투명인간 같은 존재가 아니다!

하나님께서 스스로를 계시하시는 두 번째 방식은 성경을 통한 것이다.
성경에는 세상이 창조된 때부터 마지막 때에 이르기까지 하나님의 위대한 이야기가 쓰여 있으며, 이 이야기를 통해 우리는 하나님께서 세상과 우리에 대한 계획을 갖고 계시다는 것을 안다.
하나님은 세상 만물을 새롭게 하시고 잃어버린 바 된 것들을 회복시키시는 중이다. 하나님은 잡초가 무성한 정원을 없애고 다시금 모든 것을 정의롭고 아름답게 만드실 것이다.
성경말씀을 통해 우리는 하나님의 사랑을 알고, 하나님께서 우리에게 주시는 가장 위대한 계시인 예수님을 만날 수 있다.
예수님은 우리에게 하나님의 사랑을 보이시고, 그 사랑 안에서 살아갈 수단을 주시기 위해 세상에 오셨다. 그분은 우리의 사랑의 언어가 체현된 분이다.
예수님 안에서, 그리고 예수님을 통해서 우리는 다른 무엇으로도 체험할 수 없는 깊은 사랑을 체험할 수 있다.

다음 구절을 통해 예수님의 말씀이 어떻게 '봉사'라는 사랑의 언어를 구사하고 있는지 보라.

> 백합화를 생각하여 보라.
> 실도 만들지 않고 짜지도 아니하느니라.
> 그러나 내가 너희에게 말하노니
> 솔로몬의 모든 영광으로도 입은 것이
> 이 꽃 하나만큼 훌륭하지 못하였느니라.
> 오늘 있다가 내일 아궁이에 던져지는 들풀도
> 하나님이 이렇게 입히시거든
> 하물며 너희일까보냐 믿음이 작은 자들아(눅 12:27-28).

솔로몬은 고대의 가장 부유한 왕이었다. 예수님은 스스로를 하찮게 여기는 많은 가난한 사람들에게 희망을 주셨다. "실도 만들지 않고 짜지도 아니하여도" 당신은 하나님께 가치 있는 존재다. 하나님께서 당신을 보시고, 아시고, 사랑하신다.

당신은 자신이 하는 일이 이 세상에서 별로 큰 의미가 없다고 생각할 것이다. 무언가를 이뤄야만 의미가 있다고 생각할 것이다. 커다란 양동이를 들고 나와 잡초를 뽑는 것처럼 중요한 일을 해야만 의미가 있다고 말이다.

그러나 예수님의 말씀은 당신에 대한 하나님의 깊은 사랑과 관심을 보여 준다. 들풀을 아름답게 옷 입히신 것처럼 하나님은 우리를 아름답게 옷 입히신다.

아름다운 옷을 입어 본 적이 있는가?

아마도 졸업식이나 결혼식 같은 특별한 날에 사진을 찍거나 파티에 참석하기 위해 아름다운 옷을 입었을 것이다. 우리는 축제 때나 특별한 날에 아름다운 옷을 입는다. 그러나 우리가 하나님과의 사랑의 관계 안에서 살아갈 때 하나님은 우리를 보시고 들풀보다 아름답게 옷 입히심으로써 우리를 영광스럽게 하신다.

하나님은 당신이 그분의 사랑을 체험함으로써 그분이 당신을 보고 계시다는 것을 느끼기 원하신다. 열심히 일함으로써가 아니라 사랑하며 살아감으로써 삶의 의미와 성취감을 발견하기 원하신다.

하나님은 잘못된 것을 바로잡는 것 이상의 큰 그림을 그리고 계신다. 그분은 우리를 (그리고 세상을) 아름답게 옷 입히려고 하신다. 이 큰 그림은 사랑과 의가 함께할 때 우리의 행동을 통해서 우리의 삶 가운데 구현될 수 있다.

어쩌면 당신은 하나님의 사랑을 체험한 순간을 또렷이 기억할지 모른다. 당신은 하나님이 당신을 의로 옷 입히셨음을 믿기로 했다.

하지만 당신은 자신이 예수님의 제자이고 아름다움으로 옷 입은 사람이라고 생각하면서도 최근에는 자신이 아름답다고 느끼지 못했을 수 있다.

머리 위에 먹구름이 드리워져 있거나 어둠에 휩싸여 하나님의 사랑과 기쁨 안에서 살지 못하고 있을지도 모르겠다.

이런 일이 일어나는 데에는 여러 가지 이유가 있다. 우리는 종종 당장 눈앞에 닥친 일에 마음을 쓰느라 하나님의 사랑에서 조금씩 멀어지곤 한다.

우리의 마음을 사로잡는 일들은 우리의 마음을 아프게 하는 관계의 문제일 수도 있고, 괴로움을 잊게 하는 오락이나 중독, 습관일 수도 있다. 단순히 삶을 포기하는 것일 수도 있다. 사랑의 수고 대신 쾌락을 추구하는 쉬운 길을 택할 때가 있다.

이미 하나님의 사랑 안에서 살기로 결심한 많은 사람이 새롭게 시작할 필요성을 느낀다.

어떤 사람들은 이것을 '재헌신'의 순간, 우리가 사랑에서 멀어졌음을 깨닫고 다시금 우리의 삶 가운데 하나님의 임재와 능력을 체험할 필요가 있음을 인정하는 순간이라고 부른다.

당신이 이런 필요를 느끼는 사람 중 하나라면 지금 당장 하나님께 다음과 같이 말씀드리라.

"하나님, 하나님의 사랑 안에서 살기 원합니다. 사랑의 삶에서 멀어진 저를 용서하시고 다시 제 삶의 중심이 되어 주세요. 저를 하나님의 기쁨으로 채워 주시고, 하나님을 알지 못하게 가로막는 것들로부터 자유롭게 해 주세요."

바라보고
기억하고
사랑하라

Seen
Known
Loved

5 Truths About God
& Your Love Language™

CHAPTER 3

당신은 가치 있는 존재다

은혜의 선물을 받으라

선물

크리스틴은 특별한 핑거 푸드를 만들고, 음악을 선곡하고, 아파트 안을 장식하는 등 또다시 파티 준비를 하느라 분주했다. 그녀의 집에서 열리는 파티는 여느 파티와 달랐다. 친구들은 크리스틴의 집에서 열리는 파티를 좋아해서, 거기에 초대받는 것을 행운으로 여겼다.

크리스틴은 손님들의 필요를 예상하고 세심한 부분까지 신경을 쓰며 파티의 수준을 한 차원 더 높였다.

무엇보다도 파티를 열 때마다 손님들에게 줄 센스 있고 소박한 '파티 선물'을 고르는 데 무척 마음을 썼다. 마치 파티를 여는 것만으로는 부족하다는 듯이 그녀는 파티가 끝날 때면 무언가 특별한 것, 그날 밤에 찍은 사진을 액자에 넣은 것이나 특별한 모양의 와인 잔, 집에 돌아가는 길에 몸을 따뜻하게 해 줄 핫팩 같은 것들을 손님들의 손에 들려 보내곤 했다.

그녀가 고른 선물은 늘 그녀에 관해 중요한 무언가를 보여 주는 진지하고 사려 깊은 것이었으며, 이것이 크리스틴이 좋아하는 사람들에게 사랑을 표현하는 방식이었다.

그러나 이 모든 떠들썩하고 유쾌한 파티의 저변에는 그녀가 마음을 쓴 만큼 돌려받지 못한다는 느낌이 자리하고 있었다. 파티에 초대받은 사람들은 늘 크리스틴의 선물에 기뻐하고, 그녀에게 고맙다고 말하고, 그녀를 포옹하고, 다음에 또 함께 시간을 보낼 것을 약속하지만, 크리스틴은 이를 통해 사랑받는다고 느낀 적이 거의 없었다. 그녀는 자신이 사람들에게 사랑을 표현하는 방식으로 자신도 사랑받기를 원했다.

어느 해 크리스마스 파티 때, 크리스틴은 사랑을 주기만 하고 받지는 못하는 악순환을 더 이상 참을 수 없는 지경에 이르렀다.

파티는 완벽했다. 모든 게 준비되었으며, 전문적인 파티 플래너가 준비한 것 이상으로 흠잡을 데가 없었다. 연말연시의 들뜬 분위기 속에서 근사하게 차려입은 손님들이 속속 도착했다.

크리스틴의 유명한 파티 선물이 이번에는 손님들이 집으로 돌아갈 때가 아니라 들어올 때 제공되었다. 음식도 완벽하고, 음악도 완벽하고, 선물도 완벽했다. 그러나 크리스틴은 아파트 현관 바깥 복도에 쪼그리고 앉아서 손님들의 웃음소리를 들으며 이런 생각을 했다. '저 사람들은 과연 내가 밖에 나와 있는 것을 알기나 할까?'

자기 집인데도 크리스틴은 초대받지 못한 손님이 된 듯한 기분이었다. 안에 있는 사람들과 연결되지 못하는 느낌, 사랑받지 못한다는 느낌이 들었다. 복도에 혼자 나와 있는 그녀에게 분노와 두려움, 씁쓸함, 좌절감이 밀려왔다. '나는 왜 내가 준 것 같은 선물을 받지 못하는 걸까?' '사람들이 나를 이용하는 걸까?' '저 사람들이 내가 준 것들을 고마워하기는 할까?' '내가 무언가를 놓치고 있는 걸까?'

군중 속의 고독

크리스틴 같은 고민에 빠진 사람이 적지 않다. 크리스틴은 선물을 주고받음으로써 사랑을 느끼는 사람이다.

'선물'이라는 이 세 번째 사랑의 언어는 선물에 담긴 관심과 배려에서 힘을 얻는 사람들이 주로 사용한다. 그들은 선물에 담긴 세심한 배려에 근거하여, 즉 선물을 주고받음으로써 자신의 가치를 느끼고 싶어한다.

그들에게는 선물 자체가 중요한 게 아니라 선물이 의미하는 바가 중요하다. 그래서 사려 깊은 선물을 주는 사람에게는 자신이 사랑받고 존중받는다는 느낌을 받지만, 생각 없이 고른 선물을 주거나, 생일이나 기념일을 잊어버리거나, 선물을 받기만 하고 주지 않는 사람과의 관계는 치명적일 수 있다.

크리스틴이 혼자라는 느낌, 사랑받지 못한다는 느낌 때문에 괴로워하는 것도 그 때문이다. 문제는 손님들이 그녀에게 감사를 표하거나 선물을 주려고 해도 그녀의 기준을 따라가기가 힘들다는 것이다.

많은 사람이 이따금씩
'군중 속의 고독'으로 괴로워한다.

생각해 보라. 당신이 파티를 열 때에는 당신이 모든 것을 컨트롤하고 여러 가지 기준을 정한다. 외향적인 사람이든 내향적인 사람이든 상관없이 모두가 마찬가지다. 그리고 그 기준은 다른 사람들이 따라가기 힘들 수 있다.

어떤 의미에서 크리스틴은 친구들이 돌려주기 힘들 정도로 과한 관심을 친구들에게 쏟아부었다. 그것이 바로 크리스틴과 같은 유형의 사람들이 이따금씩 '군중 속의 고독'으로 괴로워하는 이유다.

사실 크리스틴은 엉뚱한 곳에서 사랑을 찾아 헤매고 있다. 그녀는 선물과 배려심의 표현, 그리고 사교적인 모임의 빈도수로 측정한 관계를 통해 자신의 가치를 정의해 왔다.

그러나 크리스틴이 정말로 생각해 보아야 할 문제는 '다른 사람들과 상관없이 나는 누구인가?'이다. 그녀는 이제까지 선물에 담긴 관심과 배려를 통해 자신의 가치를 찾고 소속감을 느껴 왔다. 하지만 그녀의 가치를 알 수 있는 다른 방법이 있다면 어찌할 것인가?

기쁨과 파티와 선물

부분적으로는 당신의 사랑의 언어도 선물로 표현될지 모른다. 만약 그렇다면 주기만 하고 받지는 못하는 악순환으로 괴로워하는 크리스틴의 심정이 이해가 될 것이다.

하나님은 당신이 가치 있는 존재이며 하나님께 속한 존재임을 알기 원하신다. 당신이 하나님께 속한 것은 하나님께서 당신에게 주시는 선물이다.

당신은 하나님께 강한 인상을 심어 드리기 위해 열심히 노력할 필요가 없다. 하나님이 당신의 마음속으로 들어오시게 하기 위해 집안을 장식하거나 아름다운 음악을 틀 필요도 없다.

> 모든 사람에게 선물을 주고 싶어하는 마음이 있는 이유 중 하나는 우리가 선물을 주시는 하나님의 형상대로 지음받았기 때문이다.

하나님은 태초부터 그분이 당신에게, 그리고 당신이 그분께 속하기 원하셨다. 모든 사람에게 선물을 주고 싶어하는 마음이 있는 이유 중 하나는 우리가 선물을 주시는 하나님의 형상대로 지음받았기 때문이다. 사랑은 하나님의 속성이자 본질이다. 누군가에게 아무것도 주지 않으려는 마음으로 진정한 사랑을 경험할 수는 없다.

하나님과의 관계에서 참으로 흥미로운 것이 바로 이것이다. 즉 우리가 끊임없이 주고받는다는 사실이다!

하나님과의 관계는 규칙과 소망과 의식(ritual)과 종교적인 미사여구만으로 이루어지지 않는다. 그보다 중요한 것은 주고받는 것을 통해 표현되는 기쁨이다.

이 모든 것을 창조하신 하나님께서 우리의 삶에 친히 관여하시며, 사랑을 통해 이를 나타내 보이신다는 것을 기억하자. 우리가 완벽하지 않을 때, 우리가 한 일이나 하지 않은 일 때문에 사람들 눈에 우리가 사랑스럽지 않을 때에도 하나님은 우리를 사랑하신다는 것을 기억하자.

예수님께서 들려주신 매우 유명한 이야기가 있다. 아버지의 마음을 몹시도 아프게 한 어느 아들의 이야기다.

아버지가 평생 사랑과 명예와 돈으로 살 수 있는 모든 것을 주었음에도 아들은 허랑방탕한 삶을 살기 위해 아버지께 받을 자기 몫의 재산을 챙겨 집을 나간다. 그는 아버지와 가족의 기업과 형과 가문의 위대한 전통을 등진다. 그리고 이방 사람들의 파티 문화를 체험해 보고 싶다는 평소의 소원을 이룬다. 그는 가진 것을 전부 팔아서 술 마시고 노는 데 탕진한다. 가지고 있던 돈은 빠르게 줄어들고, 결국 그는 먹고살기 위해 농장에서 돼지를 치는 것으로 외국 문화를 체험하기에 이른다. 그는 아버지와의 관계에는 여전히 관심이 없지만, 아버지의 농장에서 일하는 일꾼들은 적어도 밥을 굶지는 않는다는 사실을 떠올린다. 그래서 아버지 집의 일꾼이 되기로 마음먹고 먼 길을 걸어 집으로 돌아온다. 그다음 이야기는 다음과 같다.

> 이에 일어나서 아버지께로 돌아가니라.
> 아직도 거리가 먼데 아버지가 그를 보고 측은히 여겨
> 달려가 목을 안고 입을 맞추니
> 아들이 이르되 아버지 내가 하늘과 아버지께 죄를 지었사오니
> 지금부터는 아버지의 아들이라 일컬음을
> 감당하지 못하겠나이다 하나
> 아버지는 종들에게 이르되 제일 좋은 옷을 내어다가 입히고
> 손에 가락지를 끼우고 발에 신을 신기라.
> 그리고 살진 송아지를 끌어다가 잡으라.
> 우리가 먹고 즐기자.
> 이 내 아들은 죽었다가 다시 살아났으며

내가 잃었다가 다시 얻었노라 하니

그들이 즐거워하더라(눅 15:20-24).

돌아온 탕자 이야기

이 이야기에 나오는 아들은 오늘날 그 의미가 퇴색한 '죄'라는 단어를 사용한다. 그는 자신이 "하늘과 아버지께 죄를 지었다"고 말한다. 아들은 많은 잘못을 저질렀다. 그는 아버지의 마음을 아프게 하고 유산을 탕진하였으며, 형과 가족의 기업에 등을 돌리고 방탕한 생활을 함으로써 가문에 먹칠을 했다.

그러나 죄는 그가 안겨 준 아픔보다 더 깊다. 죄는 우리 안에 있는 어떤 것, 우리의 내면 깊숙한 곳에 있으면서 우리로 하여금 무언가를 하게 하는 충동이다. 죄는 질병과도 같은 것이며 우리 영혼의 암이다.

어떤 사람들은 죄를 숨기는 데 능하지만 아무리 잘 숨겨도 결국에는 드러나고 만다. 죄는 분노를 폭발하거나, 남에게 해를 끼치는 상상을 하거나, 자신의 쾌락을 위해 남을 이용하는 것으로 나타난다. 자신의 것이 아닌 것을 취할 때나 주변 사람들을 기만할 때, 온라인상에서 남을 비방하는 글을 올려 사람들을 괴롭힐 때에도 드러난다. 이러한 행동들은 죄의 결과이며, 내면에서부터 우리를 갉아먹는 암이다.

이와 같이 죄라는 질병에 증상이 있듯이 사랑에도 증상이 있다.

사랑 역시 우리의 내면 깊숙한 곳에 있는 어떤 것이다. 사랑은 아름다움에 대한 갈망이고, 모든 것이 제대로 되기를 바라는 마음이다. 하나님의 깊은 사랑과 용서를 통해 우리는 죄의 손아귀에서 벗어날 수 있다.

다시 앞의 이야기로 돌아가 보자. 아들에 대한 사랑 때문에 아버지는 아들을 본 즉시 그에 대한 연민으로 가득 차서 행동에 돌입한다. 그는 마치 죽은 아들이 살아 돌아온 것처럼 기뻐하며 아들을 위해 파티를 열고 매우 특별하고 상징적인 선물을 준비한다.

아버지가 아들에게 준 선물은 단순한 소유물이 아니라 두 사람의 관계를 나타내는 것들이었다.

반지는 계약이나 거래에서 가문을 대표할 권한을 나타내는 특별한 것이었고, 옷은 아들을 일꾼들과 구별해 주고 사람들에게 그가 가족의 일원임을 보여 주는 것이었다. 살진 송아지는 가족과 친지가 모이는 날에 잡으려고 아껴 둔 특별한 동물이었다.

> 하나님의 은혜는
> 우리가 받을 자격이 없음에도
> 주어지는 것이다.

아버지는 기쁨과 파티와 특별하고 의미 있는 선물로 자신의 사랑을 표현한다. "우리가 먹고 즐기자." 이것이 바로 당신과 관계 맺기를 바라시는 하나님께서 하시는 말씀이다.

자격 없는 자에게 주시는 은혜

이 이야기의 참으로 놀라운 점은 아들에게는 아버지의 선물을 받을 자격이 없었다는 사실이다.

만약 무언가를 받는다면 그가 받은 것과는 반대되는 것을 받았어야 마땅하다.

우리가 이 이야기를 썼다면 아들에게 교훈을 주기 위해서라도 한동안은 고통을 받게 했을 것이다.

헛간에서 자게 한다거나, 그가 탕진한 돈을 갚게 하거나, 그를 받아들이지 않는 식으로 말이다. 그러나 이 이야기는 상식을 뒤집는다. 이 이야기는 현대 사회에서는 거의 찾아볼 수 없게 된 **은혜**라는 개념에서 비롯되었기 때문이다.

성경에서 은혜는 하나님의 사랑이 표현되는 방식이다. 우리를 향한 하나님의 사랑은 우리가 그 사랑을 받을 자격이 있는지 여부와 상관이 없다.

은혜는 우리가 받을 자격이 없음에도 주어지는 것이다. 이러한 선물은 우리가 한 일 때문이 아니라 단순히 하나님께서 우리에게 주시고자 하기 때문에 주어진다.

은혜는 우리가 가치 있는 존재이며 하나님께 속해 있다고 말한다. 은혜는 우리를 혼란스럽게 한다.

우리의 생각과 세상은 우리가 파티에 가져오는 것이 무엇이냐에 따라 우리의 가치가 정해진다고 말하기 때문이다.

우리는 파티에 무언가 기여할 때에만 거기에 속한다고 믿지만, 하나님의 사랑은 그런 식으로 작동하지 않는다. 하나님은 당신을 사랑하신다. 그리고 은혜라는 선물을 통해 그 사랑을 나타내신다. 그분은 우리에게 값없이 와서 먹고 즐기자고 말씀하신다.

생각해 보기

하나님께 돌아오라

크리스틴은 친구들의 인정을 받기 위해 계속해서 노력했을 것이다. 어쩌면 당신도 그와 비슷한 심리적 압박을 느낄지 모르겠다.

그러나 하나님과의 관계는 그런 식으로 작동하지 않는다. 하나님은 우리를 관계로 초대하시고, 파티로 초대하신다. 하나님은 우리를 주기도 하고 받을 수도 있는 존재로 만드셨다. 하나님과의 관계는 그 안에서 이루어지는 상호작용을 통해 우리 안의 기쁨을 휘저어 놓는다.

우리는 주고받는 과정, 내어 주고 받아들여지는 과정에서 사랑을 경험하며, 그러한 상호작용 안에 기쁨이 있다.

기쁨과 파티는 당신과 세상을 위한 하나님의 계획 한가운데에 자리한다. 하나님과의 관계는 그분께 **돌아오는 것**으로 시작된다.

아들은 "스스로 돌이켜" 아버지께 돌아왔다. 오직 하나님만이 우리가 그토록 간절히 원하는 사랑을 주실 수 있음을 깨달을 때 우리는 하나님께 돌아온다.

사랑은 하나님께서 은혜로 주시는 선물이다.

하나님은 우리가 가치 있는 존재이며, 그분의 식탁에서 함께 식사할 수 있다고 말씀하신다.

성경에는 이러한 말씀으로 가득하다. 그중 하나가 우리에게 매우 친숙한 요한복음 3장 16-17절 말씀이다.

> 하나님이 세상을 이처럼 사랑하사 독생자를 주셨으니
> 이는 그를 믿는 자마다 멸망하지 않고
> 영생을 얻게 하려 하심이라.
> 하나님이 그 아들을 세상에 보내신 것은
> 세상을 심판하려 하심이 아니요
> 그로 말미암아 세상이 구원을 받게 하려 하심이라.

이 말씀에 당신의 이름을 넣어 다시 읽어 보라. 하나님은 세상을 사랑하시고 당신을 사랑하신다.

요한복음 3장은 하나님의 사랑이 그분의 아들인 예수님을 통해 표현된다고 말한다. 우리가 멸망하지 않고 영생을 얻게 하시는 예수님은 하나님께서 우리에게 주시는 가장 위대한 선물이다.

예수님은 보다 나은 삶의 길을 보여 주실 수 있으며, 우리는 예수님을 통해 하나님의 가족이 되어 가문의 일원임을 나타내는 아름다운 옷을 입을 수 있다. 예수님을 통해 우리의 영혼은 진정으로 우리를 충족시키는 단 한 가지, 바로 사랑을 배불리 먹을 수 있다.

하나님께 돌아가는 첫걸음

당신은 하나님이 선하시고 당신을 사랑하신다고 믿음으로써, 그리고 당신에게는 **하나님이 필요하다**고 믿음으로써 하나님께 돌이킬 수 있다.

이 일을 위해 하나님은 우리에게 예수님을 주셨다. 그분은 예수님이 우리 대신 십자가에 못 박히게 되실 것을 아시면서도 예수님을 내어 주셨다.

우리가 사랑이 부족하고 하나님을 등진 탓에, 그리고 다른 사람들과 우리 자신에게 죄를 지은 탓에 예수님이 우리를 대신하여 죽으셨다. 그렇게 하나님은 우리가 아주 형편없음에도 우리를 사랑하신다.

하지만 그에 못지않게 중요한 사실이 있다. 예수님이 우리 대신 죽으신 후 다시 부활하셨다는 것이다. 이것이 부활절에 관한 모든 것이다. 우리가 해마다 부활절을 축하하는 것은 예수님께서 죽음을 완전히 정복하고 무덤에서 나오셨기 때문이다.

이것이 성경에서 가장 기본적이고 중요한 메시지이며, 우리는 이것을 **복음**, 즉 **좋은 소식**이라고 부른다. 우리는 이 단순한 진리를 받아들임으로써 하나님의 은혜를 체험할 수 있다. "스스로 돌이켜" 하늘 아버지께 돌아감으로써 다시 시작할 수 있다. 이것은 하나님께 구할 때 가능하다.

앞의 이야기에서 아들은 아버지로부터 자비와 은혜로 표현된 예기치 못한 사랑을 경험한다. 그가 "아버지, 내가 하늘과 아버지께 죄를 지었사오니 지금부터는 아버지의 아들이라 일컬음을 감당하지 못하겠나이다."라고 말한 이유다. 그는 자신의 잘못을 깨닫고 아버지의 사랑에서 비롯된 은혜와 자비를 받아들였다.

사랑 안에서 사는 삶

당신도 이렇게 할 수 있다. 하나님은 가장 위대한 선물, 즉 예수님 안에서의 새로운 삶을 주시기 위해 당신을 기다리고 계신다.

당신은 하늘 아버지께 돌아와 파티를 즐기고 싶지 않은가?

사랑의 관계 안에서 당신의 가치를 찾고 싶지 않은가?

그렇다면 하늘 아버지께 다음과 같이 소리 내어 말씀드리라. 그분은 당신을 보고 계신다. 그분은 당신을 사랑하시고, 다시금 당신을 받아들이기 원하신다.

"아버지, 아버지에게서 멀어진 것을 용서해 주세요. 저는 해서는 안 될 일을 하고, 해야 할 일을 하지 않았습니다. 다시 아버지께 돌아와 아버지의 위대한 선물인 예수님을 영접하고 싶습니다. 예수님께서 저를 위해 돌아가셨다는 것을 믿습니다. 그분이 무덤에서 다시 살아나신 것을 믿습니다. 하나님, 제 삶 가운데 들어오셔서 저를 인도해 주세요. 아버지를 따라 사랑의 삶을 살 수 있도록 도와주세요."

Seen
Known
Loved

5 Truths About God
& Your Love Language™

CHAPTER 4

당신은 하나님께 속해 있다

하나님의 영원하신 팔에 안기라

스킨십

당신이 마지막으로 기분 좋은 스킨십을 한 것이 언제인가?

스킨십은 강력하다. 우리는 사람의 손길이 유아의 두뇌 발달에 필수적이며, 아기를 안아 주지 않으면 그 아기에게 온갖 장애와 결핍이 발생한다는 것을 안다. 스킨십에 대한 욕구는 우리 영혼에 아로새겨져 있다. 스킨십이 없다면 우리는 인간 이하의 무언가가 되고 말 것이다.

온라인 만남이 점차 늘어나고 있는 오늘날에는 사람들 간의 대면과 접촉이 매우 특별하게 느껴진다. 재미있게도 스킨십에는 이중적인 면이 있어서, 우리는 스킨십을 갈망하는 동시에 회피한다. 다정한 포옹처럼 보이는 것이 성적인 접촉이나 심지어 학대로 변질될 수 있으며, 환영의 의미로 하는 신체 접촉이 폭행으로 오인될 수도 있다. 요즘은 스킨십을 하기에 그 어느 때보다 위험 부담이 큰 시대이지만, 우리는 스킨십을 하도록 만들어졌고, 실제로 스킨십을 갈망한다.

랜스는 자신의 소유 전부를 쇼핑 카트에 넣고 다니며 공원에서 생활하는 노숙자이자 알코올중독자다. 그가 마지막으로 누군가에게 안겨 보았거나 기분 좋은 스킨십을 경험한 것이 언제인지 기억조차 까마득하다.

포옹은 사람들의 마음을 녹이고 자신이 진정으로 누군가에게 속해 있음을 알게 해 주는 스킨십의 한 형태다. 아이가 기쁨과 신뢰가 가득한 얼굴로 아빠에게 달려가 아빠를 꼭 끌어안는 것만큼 포옹의 의미를 잘 보여 주는 장면도 없을 것이다.

> 스킨십에는 이중적인 면이 있어서, 우리는 스킨십을 갈망하는 동시에 회피한다.

그러나 랜스는 누군가와 포옹을 한 지가 너무도 오래되어서 그런 경험을 모두 잊어버렸다. 그는 공원을 산책하는 가족이나 연인들에게 돈을 구걸하며 하루하루를 보낸다. 랜스가 이따금씩 받는 돈은 사람들이 그와의 대화를 피하기 위해 치르는 대가라고 보아도 무방할 것이다. 사람들은 눈을 내리깔고 그의 손에 동전을 떨어뜨린다. 많은 사람이 이 통행세를 내지 않으려고 그를 피해서 공원을 가로질러 간다.

랜스 같은 사람들은 우리 시대의 불가촉천민이다. 그들은 누군가에게 안긴다는 게 어떤 것인지, 진정으로 다른 누군가에게 속한다는 게 어떤 것인지 잊어버렸다. 노숙자들만 그런 게 아니다. 사실 우리 주변에는 스킨십 결핍으로 고통받는 사람들이 무수히 많다.

예를 들어 싱글인 사람들은 오래도록 다른 사람과 포옹하지 못하는 경우가 많다. 부적절한 신체 접촉이나 무의미한 성관계는 그들의 가슴에 뚫린 구멍을 채워 주지 못한다. 노인들도 (과거에는 당연시했지만) 이제는 배우자의 사망이나 가족과 친지의 이사와 더불어 사라진 스킨십을 간절히 원한다. 사실상 우리는 적절하고 만족스러운 스킨십이 거의 사라진 메마른 땅에 살고 있다.

스킨십의 순기능과 역기능

스킨십은 감촉 이상의 것이다. 그것은 우리가 누군가에게 속해 있음을 알게 해 준다. 우리 주변에는 온통 마지막으로 진정한 포옹을 나눈 것이 언제인지 기억하지 못하는 사람들뿐이다. 껴안는다는 것, 깊이 껴안는다는 것은 꼭 끌어안는 것이고, 열정적으로 끌어안는 것이며, 말없이 통하는 깊은 의미와 더불어 끌어안는 것이다. 이런 경험은 우리가 누군가에게 속해 있음을, 누군가의 임재 안에 있음을 알려 준다.

스킨십이라는 사랑의 언어를 구사하는 사람들은 이것을 너무도 잘 안다. 그들은 포옹을 하고, 등을 두드리고, 손을 잡고, 머리를 쓰다듬으며 사랑을 주고받기 원한다! 스킨십으로 사랑을 주고받기 원하는 것이다. 그들에게 스킨십은 소속감과 관심과 사랑을 나타낸다.

스킨십으로 사랑을 표현하는 사람들에게 포옹은 단순히 기분 좋은 것이 아니라 보다 중요하고 결정적인 것이다. 그들은 스킨십이 없으면 다른 무엇으로도 채울 수 없는 허전함을 느낀다. 스킨십은 모든 사람에게 관계의 안전감과 소속감을 제공하며, 이것은 좋은 삶, 충만한 삶의 필수적인 요소 중 하나다.

그러나 우리는 종종 스킨십으로 해를 끼치기도 하고 해를 당하기도 한다. 성적 학대나 괴롭힘, 신체적 위협 등 스킨십은 바람직한 것보다 해로운 것과 더 관련이 있다. 그래서 일반적으로는 스킨십으로 다른 사람들과 사랑을 나누고 하나님의 사랑을 경험하는 것을 생각하기 어렵다. 하지만 우리는 스킨십을 하도록 지음받았으며, 뼛속 깊이 스킨십을 갈망한다. 우리가 부적절한 스킨십으로 깊은 상처를 받았든, 아니면 랜스처럼 스킨십 결핍으로 내면이 황폐해지든 한 가지는 분명하다. 바로 **우리에게는 하나님의 영원한 포옹이 필요하다**는 사실이다.

영원한 포옹은 우리의 영혼을 회복시켜 준다. 그것은 우리를 고립감과 두려움, 외로움, 절망으로부터 구원해 준다. 우리는 어린 시절에 처음으로 악몽을 꾸었을 때부터 이 사실을 알고 있었다. 아이들은 악몽을 꾸거나 어두운 방에서 유령 같은 희끄무레한 형체를 보면 소리를 지르며 사랑하는 부모님에게 달려가 안기곤 하지 않는가!

영원한 포옹은 우리의 안녕에 필수적이다. 참으로 기쁜 소식은 스킨십과 관련한 우리의 경험이 어떤 것이든, 즉 우리가 스킨십으로 해를 입었든 스킨십을 더 갈망하든, 우리에게는 하나님에게서 경험할 수 있는 일종의 포옹 같은 게 있으며, 그것은 우리를 충만하게 하고 우리가 하나님께 속해 있음을 우리 존재의 중심으로부터 알게 해 준다는 것이다.

하나님의 팔에 안기다

역사를 통해 하나님은 다양한 방식으로 스스로를 계시해 오셨다. 어떤 때는 장려하게, 또 어떤 때는 많은 사람들의 눈에 띄지 않게 조용히. 특히 하나님은 우리가 가장 힘들 때 스스로를 드러내 보이심으로써 우리가 그분의 사랑을 느낄 수 있게 해 주시는 듯하다.

성경에는 하나님의 백성들이 절망 가운데 있을 때의 이야기를 다룬 〈예레미야〉라는 책이 있다. 그들은 위기에 처했고, 그래서 하나님을 느끼며 하나님께서 그들과 함께하신다는 것을 마음속 깊은 곳에서부터 알아야 했다.

전쟁에서 패한 그들은 당시의 초강대국에 포로로 끌려갈 상황이었다. 그 상황은 믿을 수 없을 만큼 복잡했지만 한 가지만큼은 분명하다. 하나님을 바라보는 사람들은 그들이 여전히 하나님께 속해 있으며, 하나님께서 그들과 함께하신다는 것을 알아야 한다는 것이다.

그들은 가장 절망적인 상황에서 다음과 같은 말씀을 떠올린다.

> 옛적에 여호와께서 나에게 나타나사
> 내가 영원한 사랑으로 너를 사랑하기에
> 인자함으로 너를 이끌었다 하였노라(렘 31:3).

하나님은 자신이 그들을 특별한 방식으로 사랑하신다는 것을 상기시키신다.

그리고 그들을 영원한 사랑으로 사랑하신다고 말씀하시며, 인자함으로 그들을 "이끌었다"고 말씀하신다.

하나님께서 그들을 저버리지 않고 이끄셨다는 말의 문자적인 의미는 안고 가셨다는 뜻이다. 그들은 늘 하나님의 인자하신 팔에 안겨 인도되었다.

또한 하나님은 위기의 때에 그들을 이끄실 것임을 분명히 하신다. 이것이 하나님의 영원하신 팔에 안긴다는 말의 의미다. 그것은 마치 적적할 때에 하나님께 포옹을 받는 것과도 같다.

영원한 포옹

  당신이 알든 모르든 당신은 지금 하나님의 팔에 안겨 있다. 하나님은 당신을 포옹하고 계시고, 꼭 끌어안고 계시며, 영원하신 팔에 안고 계시고, 결코 다함이 없는 인자함으로 당신을 이끌고 계신다.

  우리가 늘 이러한 포옹을 고대하는 것은 아니지만 그럼에도 하나님은 우리를 늘 안아 주신다. 하나님은 달려나오셔서 열정적으로 우리를 끌어안으시며 사랑과 자비를 쏟아부으신다. 하나님의 영원하신 팔에 안길 때 우리는 우리 자신이 변화되고 있다는 사실을 뼛속 깊이 느낄 수 있다.

  요크는 집 없이 떠돌던 시절, 냉기가 도는 차 안에서 또 하룻밤을 보내고 난 후 온몸의 뼈마디가 쿡쿡 쑤시던 때를 결코 잊지 못한다. 그의 가족은 10월 중순에 공원에서 생활하며 날마다 시리얼로 끼니를 때웠다. 절망적인 상황이었다. 당시 요크는 하나님의 안아 주심을

> 당신이 알든 모르든 당신은 지금 하나님의 팔에 안겨 있다.

고대하지 않았지만, 그날이 다른 날들과는 다르기를 간절히 바랐다. 그때 나뭇잎 사이로 강한 햇빛이 비치면서 차 앞유리에 잔뜩 끼어 있던 성에가 녹기 시작했다. 어둠과 차 안의 축축하고 차가운 기운을 뚫고 빛이 들어오자 성에에서 아름다운 연무가 피어올랐다. 그 순간 부

모님으로부터 주입받은 무신론에 대한 확신들이 도전을 받았다. 마치 하나님의 안아 주심을 받는 듯한, 혹은 우주의 포옹을 받는 듯한 기분이었다. 돌이켜보면 그 순간이 바로 하나님께서 그의 상황 속에 임하시고 그가 하나님의 따스한 팔에 안긴 순간이었다고 한다. 하나님은 그를 사랑하시고 그의 상황을 변화시키기 원하셨던 것이다. 때때로 우리 모두에게는 그러한 하나님의 안아 주심이 필요하다. 외로움과 절망, 상실과 슬픔, 두려움으로 고통받는 시기에는 더욱 그러하다.

이제 절망적인 상황을 마주한 사람들에 관한 예레미야서로 돌아가 보자. 하나님은 위기에 처한 사람들에게 다음과 같이 말씀하신다.

> 보라, 나는 그들을 북쪽 땅에서 인도하며
> 땅끝에서부터 모으리라.
> 그들 중에는 맹인과 다리 저는 사람과 잉태한 여인과
> 해산하는 여인이 함께 있으며
> 큰 무리를 이루어 이곳으로 돌아오리라.
> 그들이 울며 돌아오리니 나의 인도함을 받고 간구할 때에
> 내가 그들을 넘어지지 아니하고
> 물 있는 계곡의 곧은 길로 가게 하리라 (렘 31:8-9).

그들이 전쟁에서 패한 후 지구 반대편에 있는 것처럼 여겨지는 땅으

로 끌려갈 때 하나님은 그들, 특히 하나님의 안아 주심이 가장 필요한 사람들을 인도하겠다고 약속하신다. 맹인과 다리 저는 사람과 잉태한 여인과 해산하는 여인과 부상을 당한 무력한 사람들의 무리! 이런 사람들에게 하나님은 특별한 관심을 쏟으신다. 하나님이 안전한 곳으로, 물 있는 계곡의 평탄한 길로 인도하실 때 그들은 기쁨의 눈물을 흘리며 기도할 것이다.

당신도 하나님의 안아 주심이 필요한가? 당신이 예레미야가 말하는 맹인과 다리 저는 사람과 무력한 사람 중 하나인 것 같은가?

여기 좋은 소식이 있다. 바로 하나님은 영원한 사랑으로 당신을 사랑하시며, 지금 이 순간에도 당신을 안고 계시다는 것이다.

생각해 보기

당신은 하나님의 마음속에 있다

하나님께서 우리를 안으실 때 우리는 어떻게 하는가? 마주 안아 드린다! 이것이 예레미야 시대의 사람들이 한 행동이다. 그들은 울며 기도하고 돌아옴으로써 하나님을 마주 안았다. 우리가 하나님의 임재에 반응할 때 우리는 하나님을 마주 안는 셈이다.

하나님은 우리 안의 깊숙한 곳에 스킨십에 대한 필요를 심어 놓으셨다.

하나님 자신이 스킨십으로 사랑받기 원하시기 때문이다.

하나님과 포옹할 때 우리는 하나님을 만질 수 있고 하나님은 우리를 만지실 수 있다. '예배'를 통해 우리는 하나님과 포옹한다. 하나님을 예배할 때 우리는 물리적인 포옹보다 훨씬 더 강력한 하나님의 안아 주심을 마음속 깊이 느낄 수 있다. 예배는 보이지 않는 하나님과의 스킨십을 경험할 수 있는 가장 좋은 방법이다! 예레미야의 이야기에 나오는 사람들이 하나님께 한 것이 바로 이것이었다.

> 여호와께서 이와 같이 말씀하시니라.
> 너희는 여러 민족의 앞에 서서 야곱을 위하여 기뻐 외치라.
> 너희는 전파하며 찬양하며 말하라.
> 여호와여 주의 백성 이스라엘의 남은 자를
> 구원하소서 하라(렘 31:7).

하나님의 백성들은 예배를 통해 하나님을 마주 안는다. 하나님은 당신이 하나님께 속해 있음을 당신 존재의 중심에서부터 알기 원하신다. 당신은 하나님의 세계와 그분의 마음 안에 자리하고 있다! 하나님은 당신이 그분께 반응하기를 원하신다.

누군가와 포옹할 때 상대방에게서 아무런 반응을 느끼지 못한 적이 있는가?

우리 모두에게는 그런 경험이 있다. 우리는 하나님보다 더 잘 포옹할 수 없지만 그분께 적절하게 반응할 수는 있다.

하나님의 백성들은 예배를 통해 하나님을 마주 포옹한다. 예배는 찬송과 기도 이상의 것이지만 찬송과 기도를 포함한다. 또한 우리는 우리가 하는 일이나 태도, 다른 사람들을 대하는 방식, 돈과 시간을 사용하는 방식을 통해서도 하나님을 예배한다. 우리 삶의 모든 것이 예배가 될 수 있고, 되어야 한다.

가장 단순한 형태의 예배는 하나님을 마주 안는 것이다. 스킨십이라는 사랑의 언어에는 사람들 간의 물리적인 접촉이 포함되지만, 우리에게는 사랑 탱크를 가득 채울 보다 심오하면서도 우리를 충만하게 하는 방법이 있다.

우리는 하나님과의 포옹을 통해, 그리고 깊이 있고 의미 있는 예배를 통해 변화될 수 있다. 하나님을 예배할 때 우리는 몸을 사용함으로써 하나님을 마주 안을 수 있다. 입술을 움직여 하나님께 사랑한다고 말씀드릴 수 있고, 노래로 찬양할 수도 있다. 손뼉을 치고 발을 구르며 소리를 지를 수도 있다.

예배를 통해 하나님의 임재 안에 거할 때 우리는 하나님께 속한다는 깊은 확신을 얻는다.

우리는 스킨십을 하도록 지음받았다

우리는 하나님의 안아 주심을 경험함으로써 고립감과 불확실성에서 벗어나 소속감을 느낄 수 있다. 그리고 위기에 처했을 때 하나님이 영원한 사랑으로 우리를 인도하시리라는 것을 알고 하나님의 임재를 의식함으로써 어려움을 헤쳐 나갈 수 있다.

스킨십은 사람들과의 관계에서도 중요하지만 하나님의 안아 주심을 경험하는 데 있어서도 중요하다. 우리는 우리의 삶 속에서 일하시는 하나님께 반응함으로써 하나님의 영원하신 팔에 안길 수 있다. 찬송과 기도는 우리가 하나님과의 관계에서 몸을 사용하는 두 가지 예일 뿐이다.

어떤 사람들은 달리거나 운동을 하며 하나님께 나아간다. 예술가가 그림을 그리거나 춤을 출 때 그들은 그림을 그리거나 춤을 추면서 하나님께 나아간다. 의사나 간호사, 우체부, 경찰, 운전기사 역시 그들이 하는 일을 통해 하나님께 예배드릴 수 있다. 청진기로 진찰을 하든, 편지와 소포를 배달하든, 어렵고 위험한 상황을 다루든, 누군가를 공항까지 태워다 주든, 우리의 모든 행위가 하나님께 드리는 봉헌이자 예배가 될 수 있다.

자신을 하나님께 드릴 때 우리는 말 그대로 하나님께 안기게 되고, 이러한 포옹을 통해 하나님을 강렬하게 체험하게 된다.

하나님 품에 안기는 가장 단순하면서도 쉬운 방법은 기도하고 찬송하며 하나님의 임재를 느끼는 것이다. 찬송과 기도는 하나님의 임재를 경험하게 하는 중요한 수단이다. 우리는 찬송하고 기도함으로써 하나님께 나아간다. 이것이 하나님께서 우리를 품으시고 우리가 하나님께 안기는 방법이다. 사람들에게서 경험하는 스킨십보다 더 참된 스킨십이다.

이런 종류의 스킨십은 절대로 선을 넘는 법이 없으며, 의심이나 걱정을 유발하지 않는다. 신뢰를 저버리거나 위해를 가하지도 않는다. 우리는 너무 오랫동안 이러한 스킨십 없이 지내온 탓에 그 필요성을 깨닫지 못할 때가 많다. 하지만 우리는 바로 이러한 스킨십을 하도록 지음받았다.

바라보고
기억하고
사랑하라

Seen
Known
Loved

5 Truths About God
& Your Love Language™

CHAPTER 5

하나님께서 당신을 아신다

하나님과 진정으로 연합하라

함께하는 시간

2009년에 전 세계는 패닉에 빠졌다. '신종플루'라는 희귀 전염병이 발생했기 때문이다.

기억할지 모르겠지만, 당시는 많은 사람이 크나큰 걱정과 고립, 그리고 유례없는 경계와 예방 속에서 살아간 시기였다.

영화관이나 레스토랑, 공항, 쇼핑몰 등에 손 소독제가 비치되고 모든 공공 화장실에 손을 잘 씻으라는 문구가 적힌 표찰이 걸렸다. 신종플루 백신을 구할 수 있었던 소수의 운 좋은 사람들은 서둘러 백신을 접종했고, 다른 많은 사람들은 불편을 감수하며 마스크를 쓰고 다녔다. 힘든 시기였지만 다행히 신종플루는 빠르게 자취를 감췄고, 그와 더불어 신종플루에 대한 우리의 기억도 빠르게 사라져 갔다.

신종플루 때 그랬던 것처럼 이따금 새로운 바이러스가 나타나 뉴스를 장식하고 전염병 확산에 대한 두려움을 불러일으킨다. 최근에는 수세대에 걸쳐 건강에 악영향을 미칠 수 있는 코로나19 바이러스가 등장했다. 신종플루 때 취했던 예방 조치가 코로나19 상황에서는 훨씬 더 강력해졌다.

그러나 코로나19 못지않게 생명을 위협하는 또 다른 세계적인 질병이 있다. 미국 질병통제예방센터에서도 경고하지 않는 그 질병은 약을 먹거나 주사를 맞아도 소용이 없으며, 이미 그 질병에 걸린 사람들과 아무리 오랜 기간 떨어져 있어도 예방이 불가능하다.

그것은 바로 외로움이다. 우리는 외로움이라는 질병에 직면해 있다. 외로움은 코로나19에 걸려서 '자가 격리'를 하는 것만큼 괴롭게 느껴지지는 않지만, 그 영향은 2020년에 일어난 끔찍한 사건들로 인해 더욱 강력해졌다. 오늘날 외로움은 전염병 수준에 도달하여, 그 파급 효과가 매우 심각하다.

한 의학 연구에 의하면 외로움은 매우 실제적이고 심각한 결과를 낳는다. "인간은 사회적인 성향을 타고난다. 그러나 산업화된 국가에서의 현대적인 삶은 사회적인 관계의 양과 질을 크게 떨어뜨린다." 그리고 "사회적인 관계의 결여는 흡연이나 고혈압, 고지혈증, 비만, 운동 부족 못지않게 건강을 위협하는 주된 요인이다."⁴ 게다가 외로움에서 비롯된 문제는 또 다른 문제를 낳는다. "외로운 성인은 외롭지 않은 성인에 비해 더 많은 양의 알코올을 소비하고 운동을 더 적게 한다. 지방 섭취량이 더 많고, 수면 효율이 떨어지며, 낮에도 더 많은 피로를 느낀다. 몸속 세포에까지 영향을 미쳐 노화를 촉진한다."⁵

이와 같이 외로움이라는 팬데믹은 우리 사회를 강타하여, 미국인 네 명 중 세 명은 외로움과 그에 따른 문제로 힘들어하는 것으로 보고되었다.⁶ 이 문제는 너무도 광범위하게 퍼져서 2018년 영국에서는 트레이시 크라우치(Tracy Crouch)라는 사람이 최초의 외로움부 장관으로 선출되기도 했다.

바쁘고 인기 있지만 외로운 사람들

타일러는 우리 시대의 팬데믹인 '외로움'이라는 질병을 앓는 대표적

---

4 Julianne Holt-Lunstad, Timothy B. Smith, and Bradley Layton, "Social Relationships and Mortality Risk: A Meta-Analytic Review," *PLoS Med 7*, no. 7 (2010): e1000316, https://doi.org/10.1371/journal.pmed.1000316.

5 John Cacioppo, "Why Loneliness Is Bad for Your Health," *U.S. News & World Report*, November 12, 2008, https://health.usnews.com/health-news/family-health/brain-and-behavior/articles/2008/11/12/why-loneliness-is-bad-for-your-health.

6 Dennis Thompson, "3 in 4 Americans Struggle with Loneliness," MedicineNet, December 18, 2018, https://www.medicinenet.com/script/main/art.asp?articlekey=217418.

인 사람 중 하나다. 타일러를 아는 사람이라면 그가 외로울 거라고는 상상도 할 수 없을 것이다. 타일러는 온라인상에서나 일상생활에서 많은 사람에게 둘러싸여 지내는, 인기가 많은 사람이기 때문이다.

타일러는 몇 년 전에 대학을 졸업한 청년으로, 일하는 시간을 제외한 거의 모든 시간을 공통의 관심사를 지닌 사람들과 함께 보낸다. 그는 컴퓨터 소프트웨어를 사용해 보거나 온라인으로 비디오 게임을 하거나 중고품 가게를 둘러보는 등 끊임없이 무언가를 한다. 그런 그가 어떻게 외로운 사람의 대표적인 예가 될 수 있을까?

타일러가 다른 사람들과 함께하는 시간은 그의 사랑 탱크를 채워 주지 못한다. 뭐라고 꼬집어 말할 수는 없지만 그의 마음속 깊은 곳에는 늘 그 이상의 무언가에 대한 갈망이 있다. 타일러는 누구와 얼마나 많은 시간을 보내든 하루가 끝날 때쯤이면 늘 마음 한구석이 휑하다는 것을 깨닫기 시작했다. 그는 사람들과의 관계, 심지어 가장 소중한 사람들과의 관계에서도 여전히 무언가를 갈구한다.

타일러의 딜레마는 우리에게도 낯설지 않다. 우리 대부분이 사람들에게 둘러싸여 있으면서도 외로움을 느낀 적이 있다. 누군가와 함께한 시간들이 마치 모래 위에 떨어지는 물처럼 우리 영혼을 적시지 못하고 그대로 통과하여 메마른 상태로 남곤 한다.

그러한 외로움 이면의 현실은 우리가 사람들과의 관계 이상의 무언가를 위해 지음받았다는 것이다. 우리는 하나님과의 깊은 관계를 위해 지음받았다. 따라서 이것 없이는 얼마나 많은 사람과 우정을 나누든 우리의 텅 빈 가슴이 채워지지 않는다. 하나님과의 관계 없이는 다른 모든 관계가 마치 모래 위에 물을 붓는 것과도 같아서, 물을 아무리 붓고 또 부어도 허전함이 채워지지 않는다. 그러한 관계는 진정으로 의미 있거나 오래 지속되는 무언가를 만들어 내지 못한다.

 게다가 사람들과의 관계는 그것이 아무리 좋은 관계라 해도 종종 우리를 배신한다. 우리 중 자신이 알고, 믿고, 사랑하기까지 한 누군가에게 깊은 상처를 받거나, 버림받거나, 배신당한 적이 없다고 말할 수 있는 사람은 아무도 없을 것이다. 사람들과 의미 있는 관계를 갖는 게 불가능하다는 뜻이 아니다. 우리가 영혼 깊숙한 곳까지 진정으로 만족할 수 있으려면 다른 모든 관계 이전에 하나님과의 관계가 선행되어야 한다는 뜻이다. 우리는 하나님과의 관계를 위해 지음받았으며, 하나님과의 관계를 최우선으로 할 때 다른 모든 관계가 꽃필 수 있다. 하나님과의 관계는 우리가 그것을 통해 다른 모든 관계를 이해하고 그 안에서 살아갈 수 있는 렌즈다.

예수님이 첫 번째다

 예수님은 "무릇 내게 오는 자가 자기 부모와 처자와 형제와 자매와 더욱이 자기 목숨까지 미워하지 아니하면 능히 내 제자가 되지 못한다"고 말씀하셨다(눅 14:26). 그렇다. 정말로 그렇게 말씀하셨다. 예수님은 많은 사람들에게 둘러싸여 있을 때 그렇게 말씀하셨다. 그때는 예수님께서 잔치에 참석하신 후였고, 온갖 종류의 사람들이 온갖 다양한 이유로 예수님을 따라왔다. 예수님이 정말로 부모님을 미워하라고 말씀하셨다고 생각하는가? 정말로 형제를 미워하라고 말씀하시는 것 같은가? 그렇지 않다. 예수님은 종종 사람들의 주의를 집중시키고 그들이 타성에 젖은 생각에서 빠져나오도록 하기 위해 의도적으로 충격적인 화법을 사용하셨다.

우리는 기존의 사고방식에 너무도 익숙하기 때문에 다른 시각으로 바라보기 위해 주의를 환기시켜야 할 때가 있다. 예수님의 말씀이 바로 그런 역할을 한다. 예수님은 우리가 하나님을 첫 번째 순위에 두는 것의 중요성을 말씀하시기 위해 주의를 환기시키고 계신다.

여기서 예수님이 말씀하시려는 것은 그분과의 관계가 첫 번째가 되지 않으면 진정으로 그분을 알거나 따를 수 없다는 것이다. 예수님이 이기적이거나 비현실적이어서가 아니다. 예수님은 사실을 말씀하신 것뿐이다. 예수님과의 관계는 특별해야 한다. 거기에 비하면 우리의 가장 소중한 관계조차 적대적으로 느껴질 만큼 말이다.

여기서 예수님은 "제자"라는 말을 사용하신다. 요즘에는 이 말이 종교적인 의미로만 사용되지만, 예수님 시대에는 어떤 종류의 직업에서

든 누군가를 급진적으로 따르는 사람을 묘사하는 데 사용되었다. 즉 사람들은 석공이나 보석 세공사, 목수 등의 "제자"가 될 수 있었으며, 제자는 스승에 대한 특별한 헌신을 나타내는 말이었다. 쉽게 말해 석공의 제자인 동시에 보석 세공사의 제자가 될 수는 없었다. 제자가 되려면 다른 모든 것을 제쳐놓고 오랜 기간 스승의 모범과 지시를 따라야 했다.

병원의 인턴을 떠올리면 쉽게 이해할 수 있을 것이다. 인턴이 의술을 배워 생명을 구하는 직업에 종사하기 위해서는 특별한 헌신이 필요한 것과 같다. 사람이 다양한 분야에서 일하면서 그 모든 분야의 전문가가 되기를 기대할 수는 없다. 마찬가지로 하나님과의 관계와 다른 사람들과의 관계에 똑같이 시간을 할애하면서 하나님이 의도하시는 하나님의 사람이 되기를 기대할 수는 없다.

외로움의 치유

우리는 하나님을 사랑하도록 지음받았다. 또한 그분을 흉내내도록, 특히 그분이 사랑하는 방식으로 그분을 흉내내도록 지음받았다. 이것이 바로 예수님께서 진정으로 말씀하고자 하시는 것이다. 사실 예수님은 우리가 부모님과 형제자매는 물론 원수까지도 사랑하기를 원하신다. 예수님은 우리가 서로 미워하기를 바라신 적이 없지만, 그분에 대한 우리의 불타오르는 사랑과 헌신보다는 사람들에 대한 사랑이 상대적으로 흐릿해야 한다.

하지만 여기에 비밀이 있다. 바로 하나님과의 관계를 첫 번째로 둘 때 다른 모든 관계가 제자리를 찾게 된다는 것이다. 그리고 바로 이 지점에서 **함께하는 시간**이라는 사랑의 언어가 등장한다.

함께하는 시간은 특별한 누군가에게 온전히 집중하는 시간이다. 함께하는 시간은 마법과도 같이 **연합**(togetherness)의 느낌을 불러일으킨다. 연합은 외로움이라는 질병의 치유책이다. 연합에는 우리를 변화시키는 힘이 있어서 우리 영혼의 고립과 육체의 질병을 막아 준다. 연합에는 하나님과의 친교와 사람들과의 교제가 수반되기 때문이다. 이와 같이 연합은 강력한 개념이지만, 대부분의 사람들이 관계를 생각할 때 떠올리는 것과는 차이가 있다. 즉 우리는 하나님께 온전히 주의를 집중할 때, 그분을 더없이 소중히 여길 때 하나님과의 관계가 깊어지고 이 연합의 느낌을 체험하게 된다.

연합의 체험은 우리의 내면을 가득 채운다. 모래 위에 떨어지는 물과 달리 하나님과의 연합은 이전에는 상상도 할 수 없었던 명료함과 기쁨을 가져다준다. 우리는 이것을 위해 지음받았으며, 우리가 이것을 원한다는 사실을 알지 못할 때에도 이것을 갈망한다.

많은 사람이 이러한 연합을 체험하는 데 필요한 대가를 치르려 하지 않는다. 예수님께 전적으로 헌신하지 않는다. 잔치가 끝난 후 예수님을 뒤따라 온 사람들이 좋은 예다. 그들은 "제자"가 아니다. 그들에게는 예수님께 헌신할 의사가 없었고, 그분과의 연합을 위한 대가를 치를 생각이 없었다. 그들은 잔치에서 예수님과 좋은 시간을 보냈기 때문에 예수님을 따르면 뭔가 좋은 일이 있을 거라고 생각한 것뿐이다. 그러나 예수님은 팬에게 관심이 없으셨고, 그들이 이 사실을 알기 원하셨다. 즉 예수님은 많은 사람을 피상적으로 알기보다 그분께 헌신할 제자들을 깊이 아는 데 관심이 있으셨다. 예수님은 함께하는 시간을 소중히 여기시며, 우리와 연합하기 원하신다.

생각해 보기

서로를 깊이 아는 진정한 연합

좋은 소식은 예수님과의 연합을 체험하기 위한 첫걸음을 내딛기가 쉽다는 것이다.
하나님은 우리가 그분과의 연합을 향한 첫걸음을 내딛기를 기다리시고, 또 바라신다. 우리가 그분과의 연합을 위해 내딛는 한 걸음 한 걸음을 하나님은 매우 기뻐하시고 크게 축복하신다. 하나님은 우리와 교제하기를 바라시고, 양적으로나 질적으로 충실한 시간을 함께하기 원하신다. 그러한 시간은 우리를 그분이 의도하신 대로의 모습을 갖춘 사람이 되게 한다. 불행히도 오늘날에는 많은 신자가 팬으로 머문다. 그들은 다양한 이유로 예수님에 대한 얕은 관심을 가지고 있을 뿐이다. 이런저런 일을 겪으며 간간이 예수님을 체험하기는 하지만 예수님과 깊이 연결되어 있지는 않다. 그들에게 예수님은 늘 두 번째다. 가족이 먼저고, 돈 버는 일이 먼저고, 야심 찬 목표가 먼저다. 함께하는 시간은 팬과 제자를 구분해 준다. 제자는 **예수님과의 연합**을 원하고 늘 그분과 **함께 있고 싶어 하기** 때문이다. 우리의 문제는 우리의 관계가 너무 얕고 피상적이며, 그 안에 진정한 연합이 없다는 것이다. 연합은 우리가 관계에서 가장 원하는 것이다. 이것 없이는 아무리 많은 사람에게 둘러싸여 있어도 외로울 수밖에 없다.

> 불행히도 오늘날에는 많은 신자가 팬으로 머문다. 그들은 다양한 이유로 예수님에 대한 얕은 관심을 가지고 있을 뿐이다.

우리의 내면 깊숙한 곳에는 알고 싶고 알려지고 싶은 열망이 존재한다. 우리는 먼저 하나님을 알고 하나님께 알려지도록 지음받았다. 그렇게 된 후에야 다른 모든 관계가 제자리를 찾을 것이다.

오늘날 무수히 많은 사람이 외로움에 시달리는 가장 큰 이유는 그들의 삶 가운데 하나님과의 **연합**이 없기 때문이다. 하나님과의 깊고 친밀한

교제는 그분과 함께하는 시간에서 비롯된다. 이런 생각이 낯설게 느껴질 수도 있지만, 하나님과 함께 시간을 보내는 것은 사랑과 기쁨과 평화가 넘치는 삶을 살 수 있는 최고의 방법이다. 하나님과의 연합 안에서 살아가는 사람은 자신을 충만하게 할 한 사람과의 사랑과 깊은 친교도 경험하게 될 것이다.

하나님과의 연합을 위해

당신은 지금 당장 예수님과 연합하기 위한 첫걸음을 내디딜 수 있다. 이 책을 읽고 있는 동안에도 그분은 당신을 기다리신다. 예수님과 실제적인 무언가를 할 계획을 세워 보라. 다른 사람들과 함께하는 시간에 대해 생각할 때 우리는 주로 어떤 활동이나 마음을 터놓고 하는 대화, 공통의 경험으로 서로 연결되는 시간을 떠올리곤 한다. 당신은 그 안에서 하나님께 연결될 수 있는 조용한 장소를 찾을 수 있을 것이다. 그곳에 들어가 천천히 심호흡을 하는 것으로 시작하라. 주의를 산만하게 하는 것들은 모두 사라지게 하고 온전히 하나님의 임재를 구하라. 이렇게 기도하면서 말이다. "예수님, 주님의 임재하심을 경험하게 해 주세요."

그런 다음 조용히 앉아서 다음의 기도를 생각하라. 기도문을 천천히 읽은 뒤 잠시 멈추라.

> 여호와여 주의 인자하심이 하늘에 있고
> 주의 진실하심이 공중에 사무쳤으며
> 주의 공의는 하나님의 산들과 같고
> 주의 심판은 큰 바다와 같으니이다.
> 여호와여 주는 사람과 짐승을 구하여 주시나이다.
> 하나님이여 주의 인자하심이 어찌 그리 보배로우신지요.
> 사람들이 주의 날개 그늘 아래에 피하나이다.
> 그들이 주의 집에 있는 살진 것으로 풍족할 것이라.
> 주께서 주의 복락의 강물을 마시게 하시리이다.
> 진실로 생명의 원천이 주께 있사오니
> 주의 빛 안에서 우리가 빛을 보리이다(시 36:5-9).

다시 한 번 이 기도문을 읽고 잠시 멈추라. 마지막으로 한 번 더 읽으면서 마음에 와 닿는 문구가 있는지 살펴보라. 특별히 마음에 와 닿는 문구가 있다면 거기에 대해 깊이 생각하고, 묵상하고, 음미하라. 왜 그 문구가 특별히 마음에 와 닿았는가?

그런 다음 이 말씀을 가지고 기도하고 묵상한 뒤 이를 통해 느낀 것들을 써 보라. 이렇게 기도하고 묵상하고 글 쓰는 연습을 날마다 해 보라. 이것이 습관이 되어 날마다 하나님께 나아가게 되면 점점 더 그 시간이 그리워질 것이다. 이것은 당신을 충만하게 할 것이고, 당신은 하나님과의 관계는 다른 관계와 다르다는 것, 모래 위에 물이 떨어지는 것 같은 관계와는 다르다는 것을 알게 될 것이다.

앞으로 30일 동안 시편을 가지고 날마다 기도하고, 묵상하고, 글을 쓰면서 당신이 일상생활에서 어떻게 예수님의 임재를 체험하는지 살펴보라.

**Seen
Known
Loved**

5 Truths About God
& Your Love Language™

CHAPTER 6

사랑 안에서 살기

 밤에 잠을 설쳐 본 적이 있는가?
 아마도 당신은 한밤중에 혼자 깨어 있어 본 적이 있을 것이다. 휴대폰이나 자명종 불빛에 그림자가 어른거리는 천장을 쳐다본 적이 있을 것이다. 다시 잠이 들기를 바라면서 몸을 뒤척이지만 좀처럼 잠이 오지 않는다.
 잠 못 이루는 그 순간, 우리는 자신의 인간적인 연약함을 마주한다. 그러한 순간에는 많은 사람이 외로움을 느낀다. 그 한밤에 우리의 마음은 바쁜 하루 동안 생각을 회피해 온 것들 주위를 맴돈다. 자리에 누운 채 미래와 재정적인 문제와 건강에 대해 생각한다. 관계와 커리어와 은퇴 이후의 삶을 걱정한다.
 시계를 보니 어느새 세 시간이 지났다. 다시 천장을 보고 어른거리는 그림자를 쳐다본다. 그리고 너무나 많은 것들을 생각하며 걱정한다. 우리 모두에게는 그런 경험이 있다.

사랑은 이와 같이 잠 못 이루는 우리의 생각과 근심, 걱정 사이를 뚫고 들어온다.

사랑은 돈으로는 할 수 없는 방식으로 우리의 마음을 안정시킨다. 우리에게 해결책이나 미래에 대한 확신보다 더 필요한 것은 사랑 안에서 희망과 평안을 찾는 것이다. 우리 인생의 암울한 시기에 하나님은 그분이 늘 우리 곁에 계시며 우리를 사랑하시고 보살피신다는 것을 우리가 알기 원하신다.

예수님은 걱정이 많은 친구들을 다음과 같은 말씀으로 위로하셨다.

그러므로 내가 너희에게 이르노니
목숨을 위하여 무엇을 먹을까 무엇을 마실까
몸을 위하여 무엇을 입을까 염려하지 말라.
목숨이 음식보다 중하지 아니하며
몸이 의복보다 중하지 아니하냐?
공중의 새를 보라. 심지도 않고 거두지도 않고
창고에 모아들이지도 아니하되
너희 하늘 아버지께서 기르시나니
너희는 이것들보다 귀하지 아니하냐?

너희 중에 누가 염려함으로
그 키를 한 자라도 더할 수 있겠느냐?(마 6:25-27)

걱정에서 벗어나기

자신의 가치를 깨닫지 못하는 한 우리는 삶 속에서 하나님의 사랑을 느낄 수 없다.

예수님은 걱정하지 말라고만 말씀하시지 않는다. 그분은 우리가 가치 있는 존재라고 말씀하신다.

걱정은 우리를 지켜 주고 보살펴 주는 사람이 아무도 없다고 믿는다는 표시다. 걱정의 저변에는 우리 자신이 아무에게도 보이지 않고, 중요하지 않으며, 가치 없는 존재라는 믿음이 깔려 있다. 진정으로 우리를 아는 사람이 아무도 없다는 믿음이 깔려 있다.

그러나 이것은 사실이 아니다.

> 걱정은 우리를 지켜 주고
> 보살펴 주는 사람이
> 아무도 없다고
> 믿는다는 표시다.

예수님은 공중의 새들도 돌보시는 하나님께서 그보다 훨씬 더 귀한 존재인 당신을 돌보시지 않겠느냐고 말씀하신다!

하나님은 당신을 깊이 사랑하신다. 그분은 당신을 보시고, 아신다. 당신은 사랑받고 있다!

이 책을 읽어 나가는 동안 당신은 아마도 각각의 사랑의 언어를 자신과 연결시켜 보았을 것이다. 우리에게는 각자 주된 사랑의 언어가 있지만, 사랑은 사랑이다.

선물을 받을 때 자신이 가치 있는 존재라고 느끼지 않을 사람이 어디 있으며, 누군가에게 찬사와 격려의 말을 듣고 자신이 인정받고 있다고 느끼지 않을 사람이 누가 있겠는가? 누군가가 우리를 돕거나 섬길 때 우리는 누구나 자신이 중요한 사람이라고 느끼지 않겠는가?

각자의 사랑의 언어가 무엇이든 우리는 사랑받을 때 사랑받는다고 느낀다. 중요한 것은 사랑받고 있다는 사실을 깨닫는 것이다.

예수님이 말씀하시고자 한 것이 바로 이것이다. 우리가 하나님께 가치 있는 존재임을 깨달을 때 우리는 잠 못 이루며 걱정하는 것을 그만둘 수 있다.

마음을 하나님께 두기

하나님은 우리가 의식하지 못할 때에도 늘 우리에 대한 사랑을 드러내 보이신다. 하나님은 우리의 사랑의 언어로 말씀하신다. 일상 속에서 하나님의 임재를 의식할 때 우리는 하나님의 사랑을 깨닫고 느낄 수 있다.

또한 하나님을 추구할 때 우리는 우리가 하나님께 소중한 존재라는 것과 하나님께서 우리의 삶 가운데 함께하신다는 것을 알 수 있다. 우리의 마음과 영혼을 하나님께 둘 때 실제로 하나님의 놀라우신 사랑을 체험할 수 있다.

이것은 단순해 보이지만 놓치기 쉬운 진리다. 지금 당장 하나님께 소리 내어 이렇게 말씀드려 보라.

"하나님, 주님의 사랑을 알기 원합니다. 제가 한 모든 일과 제가 하지 않은 모든 일로 인해 예수님께서 십자가에 못 박히셨다는 것을 믿습니다. 그리고 예수님이 무덤에서 다시 살아나심으로써 죽음을 이기셨다는 것을 믿습니다. 주님을 알고 싶습니다. 제 삶 가운데 들어오셔서 저를 사랑의 길로 인도해 주세요."

이 단순한 기도는 사랑받고 싶은 우리의 마음을 표현한다. 그리고 예수님께서 우리를 위해 죽으시고 부활하신 것을 통해 우리가 사랑 안에서 살아갈 수 있다고 말한다. 우리가 하나님의 길을 따르기 원하며 하나님의 인도하심을 갈망한다고 말한다. 이 기도는 우리가 하나님의 사랑을 받을 수 있도록 문을 열어 주는 중요한 기도다.

하나님은 언제나 우리를 사랑하시지만, 이 기도는 우리가 하나님의 사랑을 알기 원한다고 실제로 하나님께 말씀드리는 기도다.

하나님의 사랑을 경험할 때 우리가 마음속 깊이 바라는 많은 것이 해답을 얻는다. 사랑 안에서 살기 시작할 때 우리는 삶에 대한 모든 걱정으로부터 자유로워진다. 그리고 우리가 가치 있고 중요한 존재이며 하나님께 속해 있다는 것을 믿게 된다. 우리에게 사랑의 언어로 말씀하시는 하나님 안에서 우리는 소망과 평안을 발견한다!

당신이 성경을 거의 읽지 않는 사람이라 해도, 일단 하나님의 사랑에 마음의 문을 열면 성경이 완전히 새로운 의미로 다가오는 것을 알게 될 것이다.

대부분의 사람들에게 성경은 족보와 어려운 말이 가득한 오래된 책일 뿐이지만, 하나님의 사랑에 마음을 여는 사람의 마음에서는 성경 말씀이 살아서 역사한다.

이 책을 다 읽은 뒤 성경을 펼치고 하나님께서 어떠한 사랑의 언어로 당신에게 말씀하시는지 보라. 시편과 요한복음으로 시작하면 좋을 것이다. 몇 주 동안 매일 시편과 요한복음을 한 장씩 읽으라. 하나님이 어떻게 다가오셔서 당신을 격려하시고 강한 팔로 안아 주시는지 보라. 그분이 어떻게 당신을 기쁨과 평안과 사랑으로 인도하시는지 보라.

하나님이 우리를 보시고, 아시고, 사랑하신다는 것을 알 때 모든 것이 달라진다. 하나님의 사랑을 느낄 때 우리는 내면에서부터 변화되고, 결국 하나님이 하시는 일에 동참하게 된다.

요크가 어렸을 때 깨닫지 못했던 것은 그의 가족이 집 뜰에서 성경을 불태우고, 하나님을 조롱하고, 하나님의 사랑에 눈을 감을 때마다 그들의 희망도 불타고, 평화가 조롱당하고, 사랑의 삶에서 비롯되는 기쁨과 삶의 의미도 깨닫지 못했다는 것이다.

하나님의 사랑을 체험할 때 우리는 단지 마음이 따뜻해지는 것으로 그치지 않는다. 하나님의 사랑을 느끼는 것은 기분이 좋아지는 것뿐 아니라 희망과 평안과 기쁨과 삶의 의미를 발견하는 것이다. 우리가 하나님의 사랑을 체험할 때, 그것은 우리에게 무언가를 준다. 우리를 감전시킨다!

하나님을 향한 열정

어떤 사람들은 "하나님을 향한 열정이 타오른다"는 표현을 사용하기도 한다.

이것이 하나님의 사랑을 체험할 때 일어나는 일이다. 우리 안에 "열정이 불타오르면서" 새로운 에너지가 용솟음치는 것이다.

요크가 마침내 하나님의 사랑을 받아들이고 예수님을 따르기로 마음먹었을 때 그 즉시 말로 설명할 수 없는 에너지가 그의 마음을 가득 채웠다.

성경을 읽고, 기도하고, 예수님을 따르기 시작할 때 그의 내면에 삶의 의미와 희망이 넘실거렸다. 그로 하여금 주변 사람들을 사랑하게 만들었다.

뿐만 아니라 요크는 집 근처의 노숙자를 사랑하고, 버스 정류장에서 서성거리는 매춘부를 사랑하고, 화가 난 이웃을 사랑하고, 대학 캠퍼스 안의 경쟁자들을 사랑하는 자기 자신을 발견하게 되었다. 가족들을 더 깊이 사랑하고, 친구들을 보다 의미 있는 방식으로 사랑하게 되었다.

그의 마음속에 생겨난 사랑은 하나님께로부터 받은 것이었기에 점점 더 커져 갔다.

우리는 사랑받을 때 사랑할 수 있고, 자신이 가치 있는 존재임을 알 때 다른 사람들에게도 그들이 가치 있는 존재임을 알려 줄 수 있다. 우리가 무가치한 존재일지도 모른다는 걱정으로부터 자유로울 때 형언할 수 없는 기쁨이 찾아온다.

하나님께서 우리를 주목하시고, 기억하시고, 사랑하신다는 것을 알 때 우리 안에 하나님을 향한 열정이 불타오른다. 그것이 우리가 사랑하고 사랑받을 때 생기는 일이다.

사명선언문

너희가 흠이 없고 순전하여······세상에서 그들 가운데 빛들로
나타내며 생명의 말씀을 밝혀 _ 빌 2:15-16

1. 생명을 담겠습니다
만드는 책에 주님 주신 생명을 담겠습니다.
그 책으로 복음을 선포하겠습니다.

2. 말씀을 밝히겠습니다
생명의 근본은 말씀입니다.
말씀을 밝혀 성도와 교회의 성장을 돕겠습니다.

3. 빛이 되겠습니다
시대와 영혼의 어두움을 밝혀 주님 앞으로 이끄는
빛이 되는 책을 만들겠습니다.

4. 순전히 행하겠습니다
책을 만들고 전하는 일과 경영하는 일에 부끄러움이 없는
정직함으로 행하겠습니다.

5. 끝까지 전파하겠습니다
모든 사람에게, 땅 끝까지, 주님 오시는 그날까지
복음을 전하는 사명을 다하겠습니다.

서점 안내

광화문점 서울시 종로구 새문안로 69 구세군회관 1층
02)737-2288 / 02)737-4623(F)

강남점 서울시 서초구 신반포로 177 반포쇼핑타운 3동 2층
02)595-1211 / 02)595-3549(F)

구로점 서울시 동작구 시흥대로 602, 3층 302호
02)858-8744 / 02)838-0653(F)

노원점 서울시 노원구 동일로 1366 삼봉빌딩 지하 1층
02)938-7979 / 02)3391-6169(F)

분당점 경기도 성남시 분당구 황새울로 315 대현빌딩 3층
031)707-5566 / 031)707-4999(F)

일산점 경기도 고양시 일산서구 중앙로 1391 레이크타운 지하 1층
031)916-8787 / 031)916-8788(F)

의정부점 경기도 의정부시 청사로47번길 12 성산타워 3층
031)845-0600 / 031)852-6930(F)

인터넷서점 www.lifebook.co.kr